VIVIR HOY

SECOND EDITION

4:00 Sunday
Los Compadres

S

X Los Compadres

VIVIR HOY

SECOND EDITION

Gloria Durán

University of Connecticut, Waterbury

Manuel Durán

Yale University

Harcourt Brace Jovanovich, Inc.

New York / San Diego / Chicago / San Francisco / Atlanta
London / Sydney / Toronto

ACKNOWLEDGMENTS

The authors wish to thank the following for kind permission to reprint the selections appearing in this book:

ABC, Madrid, for "¿Desea usted contraer matrimonio?" and "Una mujer mata a su tío. . ."

Blanco y Negro, Madrid, for "Ananías," "Ella se cansa más que un hombre en una fábrica," "La solera de 'La Puñalada'," "¿Te ayuda tu marido?" and "Un sueldo para el ama de casa."

La Codorniz, Madrid, for "Bienaventurados ustedes" and "El que es pobre es porque quiere."

Contenido, Mexico City, for "Trotar: un deporte 'in'," by Marco Antonio Pulido, "Los mismos niños opinan," by J. Mondolongo, "Rincón sentimental," and "Educación sexual" by José Antonio Morales.

Continental Publishing Company, Inc., Miami, for "Un día con Carlos Páez Vilaró," from *Buenhogar*.

Margarita Cota Cárdenas for her poem "Manifestación tardía."

Creaciones Ashe, S. A., Medellín, Colombia, for "Sigo queriéndole" and "Buscando un corazón," from *Tú y yo*.

Cuadernos para el diálogo, Madrid, for "Pánico en las calles."

Destino, Barcelona, for "Andorra-Show," "Ibiza," "Segundo Mini-Safari," "Presencia de García Lorca" by Rafael Vázquez Zamora, and "¿Quiere usted viajar con su perro?"

Editorial Joaquín Mortiz, S. A., Mexico City, for "El adulador automático," "El espectador solitario," "¿Es posible la paz?" and "Sólo para peatones," from *El mejor de los mundos imposibles* by Abel Quezada.

Excelsior, Mexico City, for "España creó un Centro Español del Idioma," "La T.V. y las historietas limitan la capacidad de pensar," "Noticias breves," and "Sólo para no peatones," from *Excelsior* and *Excelsior Dominical*.

El Faro, Granada, for "La explosión demográfica."

Enrique Guillén for "Acerca de unas Raíces profundas."

Carlos R. Hortas, New Haven, Connecticut, for "La emigración puertorriqueña a los Estados Unidos."

A. María Lorenzo for "Luis Buñuel: la vida y obra de un director de cine."

Telmo de Lorenzo for "Los OVNIS vuelen sobre España."

Opiniones Latinoamericanas, Miami, for "Oficio de periodista" by Alberto Baez Flores.

El País, Madrid, for "ETA y Hitler," by J. Ángel Frutos.

Nicanor Parra, Santiago, Chile, for excerpts from his poem "Los profesores."

Marcelino Peñuelas, for excerpts from *La cultura hispánica en los Estados Unidos*.

Prensa Española, S. A., Madrid, for "El coche y la moralidad sexual" and "La corrupción del idioma."

Pueblo, Madrid, for "Escriben los jóvenes" and "¿Tiene usted un trabajo para. . . ?"

Sábado Gráfico, Madrid, for "Licenciados en copas para huir del paro," by Marce Redondo and Marisa Ruiz, and "58 superagentes contra el terrorismo."

Jaime Sabines, Mexico City, for his poem "La soledad" ("Dejé mi cadáver. . .")

Saral Publications, Inc., Miami, for "Escuela para graduarse de torero," from *Vanidades Continental*.

George Simor, New York, for "Festival de ocultistas," from *Vanidades Continental*.

Singer Features, Inc., Anaheim, California, for "Joan Baez" by Joan Baez and "El surrealismo soy yo," by Salvador Dalí, from *Hablan los artistas*.

Telva, Madrid, for "Habla un psiquiatra español," "¡Necesito trabajar!" and "¿Quién es peor, la mujer o el hombre?"

El Tiempo, Bogotá, for "Más violencia ayer en España."

Cover photo: Ken Karp

Picture credits appear on page 197.

ISBN: 0-15-594948-9

Library of Congress Catalog Card Number: 80–82624

Printed in the United States of America

PREFACE

To live today, *Vivir hoy,* is not the same experience that it was seven years ago, when the first edition of this book was published. Although most of the problems we faced then are still very much with us, our ways of perceiving them have undergone changes. And new problems, or ones to which we were then insensitive, are now competing for our attention.

The second edition of *Vivir hoy* responds in both form and content to the need for changes. For example, it reflects the recent awareness of sexism in language; particularly the once-common assumption that all readers were male, or at least that they would not object to this assumption by the writer. In content, too, the new *Vivir hoy* includes the struggle for sexual equality among the problems to be faced in the eighties. But the theme of the book remains the same—the life (inner and outer) of young people in the United States and other countries where Spanish is spoken.

Vivir hoy is made up almost entirely of journalistic materials: articles from newspapers and magazines, cartoons, ads, jokes, letters to the editor, and photographs—in short, the entire kaleidoscope of attention-attracting devices that make us want to read.

The first part of the book deals with the challenges of our time: the quest for peace; the problems of overpopulation, unemployment, crime, and injustice; education; the automobile; and the plight of loneliness. But the approach is basically light—cartoons, satire, sometimes black humor. (We have also tried to include some articles that offer solutions, individual or collective, that may provide some help to the student.) The second part deals with compensations of modern life: humor; sports; tourism; music; reading; the plastic arts; entertainment; and our escape into new worlds of inner and outer space.

When compared with other books of readings, *Vivir hoy* may appear nonliterary. And yet interspersed here and there are items of genuine literary merit (the poems by the Mexican Jaime Sabines and the Chilean Nicanor Parra and the article by the humorist Jorge Ibargüengoitia, to mention only a few).

Whenever possible, we have left each article exactly as it first appeared in the press, making it more accessible to the student through marginal glosses. Some longer but valuable articles had to be adapted or abridged, but the original style has been retained as much as possible. Given this format, there is an unavoidable (though we hope minimal) disparity in level of difficulty from article to article. We have therefore tried to arrange the items in each section not only for thematic progression but for pedagogic purposes. That is, the first articles in each section should be simple enough for second-year students to read easily. The following articles have a tendency to grow progessively more difficult. This means that instructors may assign all or only part of each section, depending on their estimate of the level of the class. Yet given the nature of the material, they may be confident that the majority of students will at least look at and try to read the entire section, whether or not it is assigned.

By employing a slightly altered approach, students who have not quite reached the intermediate level of study may also use the book profitably. For the benefit of these students, we have placed an asterisk in the table of contents next to those items that are easiest to read. If all these are read first, of course, the thematic approach will be subordinated to strict pedagogic requirements. (But from the viewpoint of sustaining interest, it is recommended that the thematic approach not be abandoned entirely.)

In the second part of the book, where most of the material has been gleaned from magazines rather than from newspapers, the number of items under each topic has been necessarily reduced to accommodate the longer articles. Students, however, should not be discouraged by the length of some of these, or any earlier articles in the book, as the level of difficulty of an article bears no relationship to its length. Problems that students might encounter, whether in vocabulary or syntax, have been liberally glossed in *all* the articles.

The purpose of *Vivir hoy* is twofold. First, as we have already indicated, it is to stimulate a spontaneous interest in reading another language. Second, it is to encourage students to use that language in expressing opinions they already have or ideas that may have been generated by exposure to a new way of dealing with familiar problems. And in order to speak, they must know grammar and handle vocabulary. For this reason, each section, and sometimes each article, is accompanied by vocabulary-building exercises or other exercises that emphasize syntax, idioms, or verbal drill (depending on what has been suggested by the article in question). Furthermore, if practice in written composition is desired for the more advanced students, tentative themes for essays follow the more challenging articles. (Grammar and vocabulary exercises have not been included with the poems in order not to diminish the emotional impact.)

But it is mainly as a springboard for *conversation* by a *maximum* number of students that the articles have been selected and the thematic sections of the book chosen. Students may be amused, shocked, or even angered by some of the material included, and if so, they will react by expressing themselves. Even the broad categories are debatable (music, reading, escape into the world of the occult as modern ways of dealing with loneliness or boredom).

In *Vivir hoy* each item makes its point in an impressionistic reflection of modern life, both in the Hispanic world and in our own. If the kaleidoscope that emerges appears at times to be anti-intellectual, we do not apologize. Language learning is more than a strictly intellectual process of memorizing of vocabulary and analyzing verb forms. Successful language teaching must also enlist the emotions so that the student will be *moved* to read, to question, at times to protest. Perhaps if we are ever to succeed in making students *think* in a foreign language, we must first help them to *feel* in that language. It is our expectation that *Vivir hoy* will make a humble start in this direction.

Grateful acknowledgment is made for help in gathering materials to José María Carrascal, Carmen Murillo, Marcelino Peñuelas, and Joaquín Roy. We are also grateful to Roberta Astroff, William Dyckes, Robert Karpen, Marilyn Marcus, and Barbara Salz at Harcourt Brace Jovanovich for their skill and care in producing the new edition.

Gloria Durán
Manuel Durán

CONTENTS

VOCABULARIO

VIVIR HOY

SECOND EDITION

INTRODUCCIÓN

Vivir hoy es un peligro°, pero también es una oportunidad. Para bien o *danger*
para mal ahora están desapareciendo las partes exóticas del mundo. Gracias
a los medios de comunicación — la radio, la televisión, los periódicos y las
revistas° — estamos mejor informados de lo que pasa en todas partes. Y *magazines*
las culturas mismas se acercan°. Frecuentemente, los jóvenes en Buenos *se... grow close together*
Aires ven las mismas películas que los de California, cantan las mismas
canciones, leen los mismos escritores. De esta manera, la juventud, que es
la parte de la población más afectada por la revolución en las comunicaciones, se parece° en todas partes. *se... resemble each other*

Además, gracias otra vez a las comunicaciones, sabemos que hoy nos
preocupan° a todos los mismos problemas. En gran parte son los problemas *worry*
de la ciudad, cualquier ciudad del mundo. Son los problemas creados° por *created*
la prosperidad, las fábricas, los coches, el crecimiento° demasiado rápido *growth*
de las mismas ciudades.

Así es que por primera vez podemos entender a los jóvenes de otros
países de nuestro continente y también de Europa. Porque no son seres° *beings*
exóticos. Son personas que viven y se divierten° y sufren de la misma *enjoy themselves*
manera que nosotros. Comparten° nuestros problemas y nuestras espe- *share*

2

ranzas. Sería ideal conocerles personalmente. Pero si eso no es posible, podemos por lo menos conocerles a través de los medios de comunicación, y así aprenderemos a conocernos mejor a nosotros mismos.

Las cartas, los poemas, los "monitos"° y otros dibujos° que siguen en este libro vienen en gran parte de "jóvenes" de muchos países de América y de España. Están ordenados según el tema y dentro de cada tema según la dificultad. Por ejemplo, hay primero un artículo corto y fácil. Después, hay otros un poco más difíciles. Y finalmente, un artículo más amplio° pero también muy interesante. Es de esperar que todos los estudiantes puedan leer todos los artículos en cada sección, porque estos textos vienen de distintos° países y a menudo° reflejan° distintos puntos de vista°. Pero incluso si leen sólo una parte de cada sección pueden hablar del tema porque es siempre un tema bien conocido. Si les faltan° palabras para expresarse, después de cada sección — y a menudo después de cada artículo — hay ejercicios de vocabulario y de gramática.

De esta manera se enteran de° la vida de las personas de cultura hispánica — una vida muy parecida a° la suya — y también se preparan a hablar y a simpatizar con ellas.

"comics" / cartoons

broad

different / often / reflect / points of view

lack

se... they find out about

parecida... similar to

I

LOS DESAFÍOS

1   LA PAZ° peace

El deseo común de toda la humanidad es la paz. Sólo gozando de° paz podemos vivir plenamente. Sólo en paz podemos enfrentarnos a° los problemas que importan a la gente: la salud, el bienestar° físico y espiritual, la buena educación y la vida agradable°.

gozando... *by enjoying*
enfrentarnos... *to face*
well-being
pleasant

Y, sin embargo, sufrimos guerra tras guerra. ¿Por qué será?

¿ES POSIBLE LA PAZ?

1

soñé *I dreamed*
odio *hatred*

SOÑÉ QUE LA HUMANIDAD IBA A CONSULTAR A UN PSIQUIATRA Y QUE ÉL LE DECÍA:

LA CAUSA DE TUS PROBLEMAS ES SÓLO UNA: **EL ODIO**; LA HUMANIDAD HA SIDO EDUCADA PARA ODIAR.

2

aun *even*

se odian entre sí
hate each other

"EL MUNDO ESTÁ DIVIDIDO EN GRUPOS DE NACIONES ENEMIGAS Y AUN LAS NACIONES QUE FORMAN CADA UNO DE ESOS GRUPOS SE ODIAN ENTRE SÍ."

3

"EN LA ESCUELA NOS ENSEÑARON A GLORIFICAR A HOMBRES CUYA ESPECIALIDAD FUE ODIAR Y MATAR."

4

"APRENDIMOS A LLAMAR A ESOS HOMBRES "HÉROES", PERO PARA LA PARTE CONTRARIA ESOS HÉROES SON "ASESINOS" Y -A LA VEZ- PARA NOSOTROS, SON "ASESINOS" SUS HÉROES."

la parte contraria
  the other side

a la vez
  at the same time

5

ENTONCES EL PSIQUIATRA RECOMENDÓ A LA HUMANIDAD QUE OLVIDARA SUS ANTIGUAS Y RIDÍCULAS IDEAS Y QUE APRENDIERA QUE EL HORIZONTE DEL HOMBRE NO ES UNA FRONTERA SINO EL **UNIVERSO**, DONDE TODOS TIENEN DERECHO A LA VIDA Y A LA PAZ.

6

DESPERTÉ.
ALGUIEN LLAMABA A MI PUERTA.
ERA MI VECINO; HABÍA HABIDO CIERTAS DIFICULTADES ENTRE MI PERRO Y SU GATO.

ÉSTE ES EL RESULTADO. ➡

desperté   *I awoke*

espada - sword

Caricatura de *El mejor de los mundos imposibles* (Abel Quezada)

EJERCICIOS

¿Es posible la paz?

I
vocabulario

A

Las palabras que siguen son casi todas del género femenino. Hay una palabra masculina. ¿Cuál es?

humanidad   nación   especialidad   parte   idea

horizonte   dificultad   frontera

B

¿Cuál es la palabra que tiene sentido opuesto (antónimo) de cada una de las siguientes?

el amor   /   **el odio**

1. amar   2. la paz   3. el amigo   4. el héroe   5. la vida   6. vivir

enemigas   villano   muerto   morir

II
gramática

Cambie el tiempo del verbo según el ejemplo.

Sueño que la humanidad va a consultar a un psiquiatra.
Soñé que la humanidad iba a consultar a un psiquiatra.

1. Él dice que la causa de tus problemas es sólo una: el odio.
   Él dijo que la causa de tus problemas _fue_ sólo una: el odio.
2. Ahora el mundo está dividido en grupos de naciones enemigas que se odian.
   Antes el mundo _____ en grupos de naciones que _se___.
3. En la escuela nos enseñaron que la guerra era buena.
   En la escuela nos enseñan que la guerra _es__ buena.
4. Siempre glorificamos a hombres que matan.
   Antes siempre _cabamos_ a hombres que _mataban_.
5. Creo que el horizonte del hombre no es una frontera, sino el universo.
   Creo que en el futuro el horizonte del hombre no _será_ una frontera, sino el universo.

III

preguntas

1. ¿Es verdad que en la escuela nos enseñan a glorificar a hombres cuya especialidad fue la guerra?
2. ¿Conoce usted los nombres de algunos hombres que trabajaron en favor de la paz?
3. ¿Piensa usted que debemos escribir nuevos libros de historia para la enseñanza de los niños en la escuela?
4. ¿Qué es más fácil, odiar o amar?
5. ¿Cuáles son sus héroes favoritos? ¿Por qué los ha escogido?
6. ¿Cree el artista (Abel Quezada) que la paz es posible?
7. ¿Cree usted que la paz es sólo la ausencia de guerra?

IV

opiniones

Un debate o discusión colectiva,
"¿Es posible la paz?"

2   LA SOBREPOBLACIÓN

Por desgracia la paz no es el único problema que preocupa a la humanidad. El escritor inglés Alistair Cooke ha dicho que lo que amenaza a la humanidad de hoy es la capacidad ilimitada de destruir (la guerra) y la capacidad ilimitada de reproducir (la natalidad, la sobrepoblación). El hombre tiene que controlar estas dos capacidades si quiere sobrevivir. Pero ¿cómo?

El mundo hispánico no está de acuerdo acerca de los procedimientos que más convienen°. Aquí publicamos varios puntos de vista.

más... *are most desirable*

"*Que ya no nazcan° más niños
porque México se está inundando°
de puros niños°*".

Que... *Don't let (more children) be born*
se... *is being flooded*
puros... *(so many) children*

Contenido

El semanario° El Faro, *de la ciudad de Granada, publicó la siguiente carta firmada por el catedrático° Don Álvaro D'Ors. La damos sólo en parte.*

weekly newspaper
professor

LA EXPLOSIÓN DEMOGRÁFICA

Dicen que [la explosión demográfica] es tremenda y que se impone° necesariamente el control de natalidad. Pero el remedio de no dejar nacer no me parece acertado°, pues habrá de ser una selección indiscriminada y ciega°. ¿Cuántos posibles santos, sabios, benefactores de la humanidad corren riesgo° fatal con ese remedio? Quizá sea más razonable, si es que sobramos°, matar a los realmente culpables°, peligrosos e indeseables, es decir, extender la pena° de muerte; empezando, por ejemplo, por los traficantes de drogas, pues nada bueno podemos esperar de estos maleantes°.

is required

correct / blind

risk

there are too many of us / guilty
penalty

thugs

.   .   .

¿Qué pasa en la democracia pacifista de hoy, que se prefiere la supervivencia de un criminal al nacimiento de un posible héroe?

Carta a *El Faro* (Granada)

Sala de maternidad
en la ciudad de México

Mientras que la revista Contenido, *de la ciudad de México, publicó la carta siguiente.*

Nuestros lectores opinan

EDUCACIÓN SEXUAL

El artículo *Cómo se imparte educación sexual en las escuelas* deja ver que en Educación Sexual se sigue aconsejando° a los jóvenes "que es mejor que se <u>contengan</u>". Tal cosa es muy discutible, ya que esa contención trae como consecuencia problemas de tipo psicológico. Más aún° cuando se da ese consejo dentro de una sociedad en la cual el sexo es artículo de consumo.

Lo mejor sería que de forma natural se les diera orientación respecto a los métodos anticonceptivos. El creciente número de jovencitas embarazadas° a los 14 años es un ejemplo de la necesidad de esa información.

advising

Más... Even more so

pregnant

José Antonio Morales
México, D. F.

Una clínica en Nicaragua donde enseñan los métodos anticeptivos.

EJERCICIOS

I
vocabulario

A

¿Qué substantivos conoce usted que tienen sus raíces en los verbos siguientes?

nacer	remediar	traficar	sobrevivir
controlar	extender	esperar	referir

trafico   *survive*
esperanza   *referencia*

B

¿Puede usted emplear estos substantivos en frases completas?

II
gramática

A

Los verbos **sobrar** y **faltar** se pueden considerar como antónimos. ¿Puede usted emplear el antónimo en cada caso para escribir otra frase con casi el mismo significado?

No me falta nada. *lack*
Me sobra todo *too much*

1. Me sobra tiempo para hacerlo.
2. No nos faltan libros.
3. Le faltó dinero.
4. Sobra gente en el mundo. *No*
5. Sobraba comida para mañana.
6. Hoy día nos faltan héroes.
no nos sobran

B

Sustituya cada frase por una o dos de las frases equivalentes.

Se impone necesariamente = **hay que imponer**
                              o **tenemos que imponer**
                              o **debemos imponer**

1. Se hace necesariamente una selección ciega.
2. Hay que castigar a los realmente culpables.
3. Debemos extender la pena de muerte.
4. Tenemos que controlar la natalidad.

III

preguntas

1. ¿Los escritores de las cartas ''La explosión demográfica'' y ''Educación sexual'' están de acuerdo, o se oponen mutuamente?
2. ¿Por qué critica Don Álvaro d'Ors la democracia pacifista de hoy?
3. ¿Por qué critica José Antonio Morales la forma en que se imparte educación sexual en las escuelas?
4. Si es que sobramos, ¿qué solución sugiere Don Álvaro para reducir la cantidad de personas que forman la población de un país?
5. ¿Qué clases de personas incluye él dentro de la categoría de maleantes?
6. ¿Qué procedimiento considera usted más deseable (o menos indeseable): ''matar a los realmente culpables, peligrosos e indeseables'' o no dejar nacer unos posibles santos, sabios y benefactores de la humanidad? Explique.

IV

opiniones

1. ¿Está usted de acuerdo con el señor Morales cuando opina que el sexo es artículo de consumo dentro de la sociedad actual?
2. ¿Por qué, cree usted, hay tantas jovencitas embarazadas a los 14 años hoy día?
3. ¿Cree usted, como el señor Morales, que por lo menos en México hace falta que se imparta educación sexual en las escuelas? (México es uno de los países con el mayor crecimiento demográfico del mundo.)

3 EL DESEMPLEO

El problema de la sobrepoblación trae consigo el problema del desempleo. Frente a la necesidad de ganarse el pan, la gente reacciona de varias maneras según la educación, la clase social o la personalidad individual. A veces los más capacitados° ponen anuncios en el periódico.

able

escribir en maquina

¿Tiene usted un trabajo para . . .?

AUXILIAR° ADMINISTRATIVO PARA MEDIA JORNADA

«Trabajo como auxiliar administrativo en las oficinas de un hotel de cinco estrellas°. Dispongo de° las tardes libres, por lo que solicito un empleo bien para° una oficina o como taquillero°, portero°, etc., a partir de las diecisiete horas. Estoy casado con dos hijos y me es muy necesario tener más ingresos°. Juan.»

assistant

cinco... *five stars (first-class) / dispongo... I have*
bien... *either for / ticket seller / janitor, superintendent*

income

OFICINISTA PARA JORNADA INTENSIVA

«Desearía encontrar un trabajo en una oficina, bien de° secretaria o administrativa. Tengo veintitrés años, bachiller elemental y laboral superior°, amplios conocimientos de taquigrafía° y mecanografía°, archivo°, redacción° y correspondencia; experiencia de dos años como secretaria. Me considero capacitada y responsable. Paloma Domínguez.»

bien... *either as*
bachiller... *elementary and technical high school*
shorthand / typing / filing
editing

PEÓN° DE TALLER MECÁNICO

«He trabajado varios años en un taller mecánico como peón. Poseo conocimientos de mecánica del automóvil. Últimamente he prestado servicios° en un taller de equilibrado de ruedas y montaje°; poseo carnet de conducir°. *cual poder conducir* Tengo cuarenta y nueve años y busco un trabajo. Julián C. Ramos.»

general worker

he... *I have worked*

taller... *wheel balancing and assembly garage / carnet... driver's license*

UN GUARDIA CIVIL RETIRADO

«Soy guardia civil retirado. Tengo cincuenta años. Me interesaría trabajar de guarda, conserje°, ordenanza°, etc. También tengo gran experiencia en el manejo de ficheros°, archivos, y sé escribir a máquina. Esteban González.»

superintendent / messenger

filing

EJECUTIVO DE VENTAS° O JEFE DE DELEGACIÓN

«Hombre de cuarenta años, muy activo, con amplio sentido de la responsabilidad, adaptación y relaciones de alto nivel, se ofrece a importante empresa° como ejecutivo de ventas, inspector de zona, jefe de delegación, etcétera. Está dispuesto a viajar por los países latinoamericanos, pues ya ha visitado estos países en misiones comerciales. Ángel Díaz Esteba.»

ejecutivo... *sales manager*

firm

Anuncio de *Pueblo* (Madrid)

EJERCICIOS

¿Tiene usted un trabajo para...?

I
vocabulario

Acordándose de las palabras y los modismos del artículo, escriba las frases siguientes de otra manera, pero con más o menos el mismo sentido. (Cambie la parte en letras cursivas de cada frase.)

1. Solicito un empleo *como taquillero* o como portero.
2. *He trabajado* en un taller de reparación de coches.
3. *Quisiera* trabajar de guardia o conserje.
4. *Soy una mujer muy responsable.*
5. *No me importa si tengo que* viajar.

II
preguntas

1. Uno de los que buscan trabajo ya tiene empleo, pero no gana bastante. *earns enough* ¿Quién es? *#1*
2. ¿Cuántos saben inglés? *0 ?*
3. ¿Qué clase de trabajo busca la señorita Domínguez? *Ella busca un trabajo en una oficina*
4. ¿Cuál es la más joven de todas las personas que buscan trabajo? *es Paloma Domínguez* *es más menor joven* *Paloma D tiene veintitres años*
5. ¿A quién llamaría usted si tuviera (1) un garage, (2) un cine, (3) un negocio de artículos importados, (4) un almacén (*warehouse*) que fue robado?

III
conversación

Imaginemos que usted va a una entrevista (*interview*) para obtener un empleo. El jefe le hace preguntas. Usted es el que solicita empleo. Conteste las preguntas honradamente y en buen español.

1. ¿Cómo se llama usted, señor (señorita)?
2. ¿Quiere usted aumentar sus ingresos?
3. ¿Sabe escribir a máquina?
4. ¿Se considera usted responsable?
5. ¿Desde cuándo trabaja usted?
6. ¿Está dispuesto a viajar o prefiere quedarse en la ciudad?
7. ¿Cuándo puede empezar a trabajar?

IV
ensayo

Finja que usted busca trabajo en un país de habla española. Escriba su anuncio. (Puntos importantes que usted debe incluir: su edad, su educación, su experiencia, su conocimiento de idiomas y su sentido de responsabilidad.)

¡¡¡Necesito trabajar!!!

«Tengo que trabajar, necesito hacerlo porque mi sueldo es el único que entra en casa. Mamá ha hecho cuanto podía° (hice hasta Bachillerato Superior° en un buen colegio), ahora me toca a mí°. He estudiado Magisterio° y "Preu"° trabajando, pero a partir de aquí° no sé cómo seguir. Quiero estudiar Químicas. Para ello necesito trabajar sólo media jornada° y no encuentro dónde.

Por favor, publica esta carta y quizá alguien pueda darme una mano°. No me asusta trabajar fuerte, tengo casi veinte años y me gustan y preocupan° los niños.

Si puedo ayudar a alguien, en colegios, parvularios° o casa particular°, ellos me ayudarían también mucho a mí.

Necesito trabajar en Barcelona. Mi madre es viuda° y papá era chófer; por tanto, imposible no trabajar».

cuanto... *as much as she could*
Bachillerato... *high school degree* / me... *it is my turn now*
education (teaching) / preuniversity / a... *from here on*
media... *half a day*

darme... *to help me*

I am concerned about
nursery schools / *private*

widow

Carta a *Telva* (Madrid)

Mientras que, irónicamente, se busca a personas que no deben trabajar y no necesitan trabajo. El siguiente es un anuncio aparecido en Barcelona:

¿ES USTED UN BEBÉ HERMOSO, FELIZ, GUAPO?
NECESITAMOS BEBÉS (rubios, de ocho a diez meses)
PARA PELÍCULA COMERCIAL DE T.V.
        Enviar fotos al Apartado° número X, Barcelona.

post office box

I
vocabulario

Sustituya las palabras en letras cursivas con modismos o frases aparecidas en el anuncio.

1. Ahora Carlos tiene que trabajar; *es su turno.*
2. *Desde hoy,* no tengo trabajo.
3. Hemos hecho *todo lo que podíamos,* pero no es suficiente.
4. Cuando estoy sin trabajo, ellos siempre *me ayudan.*

II
gramática

Se emplea el verbo **preocupar** (*to be concerned about*) exactamente como los verbos **gustar** y **faltar.** (Es decir, el sujeto de la frase inglesa se convierte en objeto indirecto de la española.) En las frases siguientes emplee **preocupar** en su forma adecuada. Emplee también el pronombre correcto.

Me gustan y me preocupan los niños.

1. A mí la política internacional _____.
2. A mi madre la falta de dinero _____.
3. A nosotros los anuncios de mal gusto _____.
4. Ayer sus clases _____ a Miguel.
5. A vosotros _____ demasiadas cosas.
6. A Elena _____ la salud de sus niños.

III
preguntas

1. ¿Por qué necesita trabajar la autora de la carta?
2. ¿Qué materia quiere estudiar?
3. ¿Cuántas horas quiere trabajar?
4. ¿Qué clase de trabajo busca? ¿Le importa trabajar mucho?
5. ¿En qué ciudad tiene que trabajar?
6. ¿Qué oficio tenía su padre? ¿Cree usted que es un oficio bien pagado?
7. Qué tipo de persona se busca en el anuncio que aparece después de "Necesito Trabajar"? ¿Saben leer los periódicos estas personas?
8. ¿Por qué ponen estos anuncios? ¿Qué conclusión saca usted de la yuxta-posición de los dos anuncios?

La emigración puertorriqueña a los Estados Unidos

por *Carlos Hortas*

La emigración de los puertorriqueños a los Estados Unidos, y especialmente a la ciudad de Nueva York, se relaciona íntimamente con la sobrepoblación de la isla de Puerto Rico y, por consiguiente, con el desempleo.

Habría que decir primero que al mejorar la salud pública de la isla a partir de 1898, los Estados Unidos contrarrestaron° la medida° más eficaz que poseía° Puerto Rico para controlar su población: la muerte por causas naturales, enfermedades, epidemias, infecciones, etc. Por consiguiente, la población empezó a crecer rápidamente, sin que el gobierno planeara medidas para hacerse cargo de° las necesidades de lo que llegaron a ser millones más de bocas que alimentar. Al industrializarse más y más el país, especialmente la agricultura, los trabajos empezaron a escasear°.

blocked / measure

possessed

hacerse... to cope with

to diminish

Muchos campesinos se trasladaron° a las ciudades en busca de empleo, y de allí a los Estados Unidos, especialmente durante la década de 1950–1960. Ya que todo puertorriqueño es, de hecho°, ciudadano de los Estados Unidos, lo único que necesita para trasladarse a Nueva York, por ejemplo, es el dinero suficiente para comprarse un pasaje de ida° en avión. En cambio, los inmigrantes de otros países de Latino América y de Europa no sólo vienen dentro de ciertas cuotas, sino que también tienen que probar que poseen los recursos° necesarios para sobrevivir en los Estados Unidos. Así que en la práctica para el puertorriqueño pasar de la isla a Nueva York es como viajar de un punto de Puerto Rico a otro.

Otra razón por la cual el puertorriqueño ha salido de la isla es que el mismo trabajo en los Estados Unidos paga más que en Puerto Rico, y hoy día el costo de la vida en Puerto Rico es casi tan caro como lo es en los Estados Unidos. Además, en Puerto Rico muchos trabajadores todavía no se han unionizado, es decir, todavía no se han afiliado a ningún sindicato obrero, y trabajan sin ninguna protección de la unión u otra organización. Lo que pueden ganar en los Estados Unidos es mucho más, y son numerosos los que se dejan llevar° por lo que podríamos llamar "el olor° de la plata°".

se... *moved*

de... *in fact*

pasaje... *one-way ticket*

means

se... *let themselves be carried away / smell / silver (money)*

Esta expresiva escultura, obra del artista puertorriqueño Rafael Ferrer, hace surgir palmeras de metal en una zona del Bronx donde viven muchos hispanos.

La industria pesquera tiene mucha importancia en Puerto Rico.

Otro hecho que ha agravado la situación en Puerto Rico es que muchas industrias creadas con capital norteamericano en estos últimos años han surgido° para aprovechar una exención de impuestos° durante diez años, establecida por las leyes locales; pero al terminar este período, con frecuencia las industrias abandonan Puerto Rico, y al cerrar sus puertas dejan sin trabajo a centenares° — o miles — de obreros y empleados.

appeared / exención... *tax exemption*

hundreds

La emigración continúa, si bien no con el ritmo de los años pasados. Su importancia puede deducirse por el hecho de que en la actualidad° viven en Nueva York y sus alrededores cerca de un millón y medio de puertorriqueños; en extensas zonas de dicha° ciudad, el español es la lengua que se escucha generalmente en las calles, en las tiendas, en todas partes. Por otra parte, durante los últimos diez años muchos miles de puertorriqueños han regresado a su isla, cansados de vivir en el exilio espiritual de los Estados Unidos. Esperan reestablecerse en Puerto Rico y encontrar trabajo en el cual puedan utilizar nuevos conocimientos y técnicas que han aprendido en los Estados Unidos. Por desgracia°, la industrialización de Puerto Rico es todavía parcial e incompleta, y no puede dar cabida a° todos; pero algunos, más afortunados o más hábiles°, sí han podido integrarse de nuevo a la vida de la isla.

en... *at the present moment*

said

Por... *unfortunately*

dar... *to accommodate*
skillful

Adaptación de una conferencia en South Central Community College, New Haven, Connecticut

EJERCICIOS

La emigración puertorriqueña a los Estados Unidos

I

vocabulario

Guiándose por el vocabulario del ensayo, escriba la palabra que complete cada frase.

1. Detener o paralizar una tendencia o un movimiento se dice también _____.
2. Asumir una responsabilidad es _____.
3. Cuando algo empieza a faltar es que empieza a _____.
4. Si compramos un boleto de avión en una sola dirección, sin comprar el boleto para regresar, compramos _____.
5. Las sumas de dinero que pagamos al gobierno para contribuir a los gastos generales de la administración se llaman _____.
6. Si hablamos de algo que ocurre hoy nos referimos a lo que ocurre en _____.
7. Los que viven fuera de su patria viven en el _____.
8. Cuando lamentamos algo decimos que es algo que ocurre por _____.
9. Si una situación no admite a todos los que quieren ser parte de un proceso, decimos que esta situación no puede _____.
10. Si algunas personas consiguen sacar ventaja de su talento, decimos que son más _____ que otros.

II

preguntas

1. ¿Con qué problemas se relaciona la emigración puertorriqueña a los Estados Unidos?
2. ¿Qué ocurrió en 1898?
3. ¿Cuál ha sido la consecuencia de la mejoría en la salud pública en Puerto Rico?
4. ¿Qué efecto ha tenido la industrialización del país?
5. ¿Qué hacían los campesinos para encontrar trabajo?
6. ¿Cuáles son los requisitos aplicados a los puertorriqueños que quieren emigrar a los Estados Unidos?
7. ¿Qué tienen que hacer los otros inmigrantes de países latinoamericanos para entrar en los Estados Unidos?
8. ¿Cómo se compara el costo de la vida en Puerto Rico y en los Estados Unidos?
9. ¿Cómo se comparan los sueldos en Puerto Rico y en los Estados Unidos, y a qué es debido eso?
10. ¿En qué forma han influido en el desempleo las leyes sobre los impuestos?
11. ¿Cuántos puertorriqueños, más o menos, viven en la ciudad de Nueva York y sus alrededores?
12. ¿Por qué regresan a su isla algunos puertorriqueños?

Por si no fuera bastante° la competencia de otros hombres en la búsqueda° de trabajo, el hombre moderno también tiene que contar con la competencia de las máquinas. Son más fuertes que los hombres y a veces más inteligentes. Y ahora parece que han inventado nuevas máquinas más capacitadas que los hombres, incluso en el trato social°.

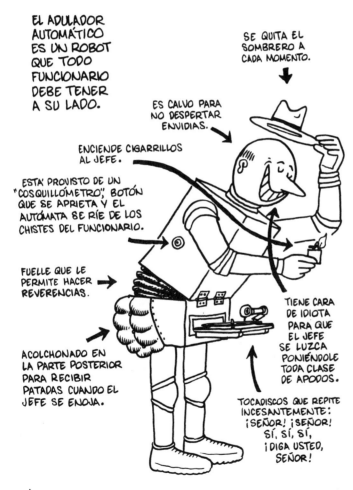

Caricatura de *El mejor de los mundos imposibles* (Abel Quezada)

EJERCICIOS

El adulador automático

I
vocabulario

Escoja el verbo que más conviene con los substantivos siguientes; después haga una frase, empleando el verbo en su forma adecuada. (Hay más de una combinación posible.)

El adulador automático se ríe de los chistes.

Substantivos	Verbos
el sombrero	reírse
el botón	quitarse
los chistes	apretarse
un reloj	recibir
patadas	funcionar
el fuelle	despertar
una máquina automática	hacer reverencias
el tocadiscos	encender
los cigarrillos	repetir

II
cierto o falso

Si es falso, explique.

1. El adulador automático tiene mucho pelo.
2. El adulador automático se ríe cuando el jefe comete un error.
3. El fuelle es para hacer posible la inclinación de su cuerpo.
4. Cuando su jefe le da patadas, no siente nada.
5. El tocadiscos se repite porque está roto.
6. El jefe prefiere que el *robot* tenga cara de idiota para insultarle mejor.
7. Este *robot* es padre de otros *robots* parecidos a él.

III
temas

Desarrolle en forma oral o escrita.

1. Debemos prohibir la automatización de la industria para proteger a los obreros.
2. Debemos alentar (*encourage*) la automatización porque los *robots* pueden liberar al hombre de todo trabajo desagradable o peligroso.
3. Las máquinas automáticas van a heredar el mundo.
4. Escriba una obra de teatro (corta, una sola escena) en la cual uno de los personajes (*characters*) es un robot.

Licenciados° en copas°
para huir del paro°

degree holders / drinks

unemployment

La Universidad "fabrica" títulos y los manda al desempleo

Biólogos que montan bares. Sociólogos que abren pubs o regentan° restaurantes. Ochenta mil licenciados están en paro o sometidos a la humilla-
ción del subempleo. Una cifra aterradora y que coincide con el número total
de estudiantes españoles que terminaron sus carreras entre 1971 y 1975.
Es sólo un ejemplo. Mientras tanto, miles de niños continúan sin escolarizar

manage

Siempre es más agradable trabajar
entre amigos. Y la falta de puestos,
en muchas ocasiones, no permite
elegir.

y nuestra investigación sigue en pañales°. Los estudiantes reciben de la Universidad un título. Y punto°. Con ese papel tienen que empezar el calvario de buscar trabajo. Un trabajo que no aparece y que no encuentran, porque no existe. Tampoco tienen derecho al seguro de desempleo°. La misma sociedad que ha pagado en buena parte sus estudios, termina abandonándolos a su suerte. No se puede planificar una inversión peor. Muchos — sobre todo, en estos últimos años — encuentran en el pub, en el bar o en el restaurante un medio° para ganarse la vida. Para algunos, la hostelería es la única forma de romper el círculo vicioso de una situación alienante. Porque la Universidad, hoy, se ha convertido en una gigantesca fábrica de parados°.

Miles de universitarios españoles concluyen cada año sus carreras, a veces no sin penuria. Comienza entonces para el universitario de licenciatura recién estrenada° un período difícil. La búsqueda de trabajo se convierte en la piedra angular de la vida cotidiana° a lo largo° de meses y meses. Todos quieren ver realizadas° sus aspiraciones, desarrollando esa actividad para la cual se han preparado durante años. Licenciados en Filosofía, Derecho°, Historia, Sociología, Economía... lucharán durante mucho tiempo para ser profesores, abogados, biólogos, economistas... La gama de salidas° va desde las oposiciones° a los anuncios, tarjetas de presentación, "enchufes"° y, sobre todo, los largos paseos matutinos° de un sitio a otro con la esperanza permanente de encontrar alguna "cosilla".

¿Sobran los licenciados universitarios en España? Nadie lo diría cuando sólo en Madrid se calcula que hay de diez a quince mil niños sin escolarizar. Y el problema se agrava más aún en otras regiones españolas. Pero al mismo tiempo nadie impide que unos cuarenta mil maestros permanezcan sin trabajo. Faltan médicos en muchas áreas rurales y urbanas, pero sobran médicos en paro. Abundan los biólogos, geólogos, ingenieros, etcétera, en desempleo forzoso o en subempleo, pero la investigación hace llorar en nuestro país.

Otra objeción suele ser la de que nuestros universitarios no están preparados suficientemente para ejercer sus profesiones. Pero se olvida que los propios estudiantes han denunciado repetidamente los métodos selectivos impuestos, así como las nulas posibilidades de realizar prácticas° durante la carrera.

diapers
Y... *And that's it*

seguro... *unemployment insurance*

means

jobless

licenciatura... *recent graduate*
everyday / a... *during*
fulfilled

law

gama... *range of possibilities*
/ *professional exams*
personal connections / *morning*

realizar... *get practical experience*

En España hay ochenta mil titulados en paro; la cuarta parte, en Madrid y Barcelona.

Por desgracia, y pese a° todas las necesidades de un país en desarrollo como el nuestro, tan sólo un porcentaje muy bajo de los licenciados consigue verse con la bata° blanca del laboratorio o sentados tras la mesa de un Instituto de Enseñanza Media. A la mayoría de ellos, después de muchos intentos frustrados, no les queda más recurso que ponerse a trabajar, ya con mucha suerte, en cualquier sitio que nada tiene que ver° con sus especialidades. De esta forma, no es difícil encontrarse con licenciados de todas las carreras universitarias haciendo encuestas° por toda España, revelando° fotografías, representando todo tipo de productos, vendiendo libros, traduciendo a destajo°, sirviendo en los bares, etcétera...

pese... *in spite of*

smock

nada... *has nothing to do*

haciendo... *taking surveys / developing*

a... *by the page*

La Universidad fabrica parados

Según Eduardo Garrigós, representante de la Coordinadora Estatal de Licenciados en Paro, es precisamente el Ministerio de Educación y Ciencia quien hace posible que el problema del paro y subempleo sea creado en° la misma Universidad.

sea... *is created by*

— Ni siquiera se han molestado en hacer una valoración de los puestos de trabajo en relación con la gente que sale cada año de las facultades. Menos aún, de ofrecer unos datos exactos clasificados según las distintas ramas y, desde luego, pensamos que ésta sería la única forma de clarificación posible. Los problemas con que nos encontramos son múltiples, de ellos los más importantes son: por un lado, la exigencia por parte de los empresarios, de experiencia como condición previa, sobre todo en las carreras de Ciencias, con lo que se hace difícil salir del círculo vicioso no trabajo/no tengo experiencia, no tengo experiencia/no tengo trabajo; y, por otro lado, el no estar afiliados a la Seguridad Social, situación que puede prolongarse durante años.

Días de música y copas

Entre las muchas actividades que realizan los licenciados para hacer frente° a su desamparada° situación, hay una que comenzó a darse, de forma general, hace aproximadamente cinco años, y que surgió°, en parte, debido a la frustración de no ver realizadas unas aspiraciones culturales o creativas. En toda España se abrieron pequeños locales donde, ofreciendo una copa y algo de música, se conseguía más rentabilidad° que en la casi utópica dedicación a la profesión elegida. Se trata de° los pubs.

hacer... *to face*
helpless
emerged

profit
Se... *We're talking about*

Para abrirlos se precisa una determinada suma de dinero, que casi siempre es aportada por varios amigos. En algunos casos, la idea que tienen es trabajar ellos mismos: en otros, se contrata a conocidos que casi siempre son compañeros de Facultad o amiguetes° de Universidad, y que poco a poco se profesionalizan con la experiencia, hasta convertirse en verdaderos entendidos de la hostelería.

pals

Marisa Núñez abrió un pub en colaboración con tres amigos más.

— Terminé la carrera de Filología Germánica, y a pesar de que hay poca gente dedicada a esta rama°, el único trabajo que encontré fue dar

branch

clases particulares, lo que no me garantizaba una estabilidad económica. Más tarde estuve de secretaria en una oficina, trabajo con el que no me identificaba en absoluto. Entonces decidí irme una temporada a Brasil. Cuando volví quise dedicarme a mi carrera, y la única solución fue solicitar una beca° para Alemania, donde estuve viviendo un tiempo. Al regreso, con algún dinero que teníamos en el grupo, decidimos abrir un pub que atendemos nosotros mismos en turnos rotativos. De esta forma conseguimos tener una independencia económica y un horario° flexible que nos permite dedicarnos a otras actividades. En ningún momento nos planteamos° este trabajo como algo definitivo, sino para ir tirando°.

Francisco Fernández, encargado de otro pub, terminó su carrera de Geología en el año 76, y nos cuenta que los dueños del local son tres, dos de ellos licenciados que no se dedican a trabajar en el negocio, pero se mantienen con él.

—Al terminar la carrera me vi forzado, como todos, a irme a la "mili"°. Al regresar no encontré trabajo en ningún sitio y estuve de camarero° durante unos meses en un bar. Después de dejarlo, pues era eventual, encontré la posibilidad de trabajar en este pub que habían abierto unos amigos. Este trabajo me lo planteo como una cosa pasajera°, mientras preparo oposiciones para Instituto, aunque sin muchas esperanzas. De cualquier forma lo que tengo claro es que si me dedicara a la Geología, cosa que deseo, los ingresos económicos serían bastante más bajos, y por otro lado lo que hago aquí es agradable y me permite estar en contacto con los amigos.

Junto a Francisco trabajan sus hermanos, Alfonso, licenciado en Sociología, y María, que está estudiando Biológicas. Los tres se mantienen de esta actividad. Además hay otras dos personas: Eva Martínez, que es maestra, y María José Izcaray, que costea° su carrera de Biología limpiando el pub por las mañanas.

Artículo de *Sábado Gráfico* (Madrid)

scholarship

schedule

do we consider / para... *to stay alive*

a irme... to go off to do military service
waiter

temporary

pays for

EJERCICIOS

Licenciados en copas para huir del paro

I
vocabulario

Exprese la misma idea, utilizando los siguientes modismos: **y punto, ponerse a, estar en paro, estar de, ir tirando, por desgracia.**

1. Ochenta mil licenciados *no tienen trabajo.*
2. Los estudiantes terminan sus carreras *y no hay nada más.*
3. *Desafortunadamente*, hay muchos licenciados sin trabajo.
4. Ella *se mantiene* gracias a su trabajo de mesera.
5. Él *trabajaba como* camarero durante varios años.
6. Nosotros *empezamos a* trabajar a destajo.

II
gramática

Utilizando el verbo **realizar,** traduzca las frases siguientes al español.

1. He had no chance to *get practical experience* while in school.
2. We all want *to fulfill* our aspirations.
3. It's not hard to find doctors who get along *taking surveys.*

III
preguntas

1. ¿Cuántos licenciados están en paro o padecen del subempleo en España?
2. ¿Por qué no tienen derecho al seguro de desempleo?
3. ¿Cómo es la vida cotidiana de estas personas a lo largo de meses y de años?
4. ¿Cuál es la gama de salidas que se les ofrece?
5. En realidad ¿hay necesidad de maestros en España? ¿Por qué?
6. ¿Por qué trabajan en cosas que no tienen nada que ver con sus estudios?
7. ¿Cuál es el problema número uno en las carreras de ciencias?
8. ¿Cuándo empezó a darse, en forma general, la solución de los bares?
9. ¿Cómo se arreglan varios amigos para abrir un pub?
10. Como regla general, ¿se plantean este trabajo como cosa permanente?

IV
opiniones

1. ¿A usted le gustaría la idea de abrir un pub? ¿Cuáles serían las ventajas y las desventajas de estas empresas?
2. Juzgando por este artículo ¿piensa usted que las condiciones económicas son mejores o peores en España que en los Estados Unidos? Explique.
3. El artículo critica el sistema educativo en España. ¿Compartimos aquí algunos de los mismos problemas? ¿Cuáles son? ¿Cómo se pueden remediar?

4 LA POBREZA

Si no emigramos y no encontramos trabajo, ¿qué nos queda? En general, nos queda solamente la pobreza. Son pobres, lo sabemos, aquéllos que tienen apenas o no tienen lo necesario para vivir. La pobreza es una enfermedad crónica de muchas sociedades: creemos que estamos a punto de liberarnos de ella, pero parece renacer° una y otra vez. Cuando pensábamos

be reborn

haberla vencido nos damos cuenta de° que nuestra ilusión se basaba en que *nos... realized*
no queríamos o no sabíamos ver a los pobres: inconscientemente o no,
cerramos los ojos; convertimos a los pobres en seres invisibles. Y es que la
pobreza de los demás es un turbador° reproche a los que no son pobres. *troubling*
En una sociedad muy primitiva la pobreza es más soportable, simplemente
porque está mejor repartida: todo el mundo es pobre. Pero en un país prós-
pero la diferencia entre ricos y pobres es muy visible, casi diríamos que es
escandalosa. Y en el mundo moderno ha surgido muy visiblemente otra
barrera: la que separa a los países ricos de los países pobres (la mayoría).
En estos países pobres — los llamamos, con un eufemismo burocrático,
"países en vías de desarrollo", porque no queremos emplear la frase adecuada: países subdesarrollados — una gran parte de la población se acuesta,
por la noche, sin haber podido saciar° su hambre. *satisfy*

La pobreza significa, en su forma más directa y abrumadora°, eso: sufrir *crushing*
hambre, no tener una buena vivienda° que nos defienda contra las incle- *dwelling*
mencias del tiempo, no disponer de ropa adecuada, de medicinas y ayuda
médica si estamos enfermos, no tener acceso a la educación y al recreo. Y
este estado miserable tiende a perpetuarse: los hijos de los pobres con frecuencia no saben o no pueden escapar a la pobreza. ¿Cómo podrían con-
seguirlo, sin educación adecuada, sin salud, sin ayuda? La pobreza significa
una vida de sufrimiento y una muerte prematura: los pobres viven un
número apreciable de años menos que los ricos, pues la falta de alimenta-
ción adecuada y de auxilios médicos acortan° sus vidas. Hay países pobres *shorten*
en que el promedio° de duración de la vida es de treinta y tantos años. *average*

Debemos seguir luchando contra la pobreza, sin cansarnos, sin desesperar.
Pero también, a veces, podemos hacer una ligera pausa y sonreír: la risa
es también una medicina y un instrumento de crítica social. La revista
humorística La Codorniz dedicó un número entero a esta condición lamentable. El punto de vista de este número es muy efectivo: llevando a su
consecuencia extrema y lógica la posición de algunos individuos muy ricos,
el autor de estos párrafos, Don Nadie, pudo expresar comentarios sarcás-
ticos y mordaces° en una época en que el gobierno español no toleraba las *biting*
críticas sociales expresadas en forma clara y directa.

EL QUE ES POBRE ES PORQUE QUIERE

Hoy en día, en un país desarrollado como el nuestro, no hay ninguna necesidad de ser pobre, y los que se obstinan en seguir siéndolo, lo hacen por pura vocación° o por snobismo.

por... as a real vocation

Como réplica a los eternos descontentos, escépticos y maliciosos, doy a continuación° una serie de posibilidades que están al alcance° de cualquiera y que constituyen un remedio infalible para eliminar la pobreza:

a... below / al... within the reach

— Irse a trabajar a Alemania o a Venezuela.

— Alistarse como mercenario en el ejército de algún país productor de petróleo.

— Trabajar dieciséis horas diarias, con lo cual, puesto que son dos jornadas completas, se obtiene un mínimo de 136 × 2 = 272 pesetas al día°. Los más ambiciosos pueden trabajar veinticuatro horas diarias, por un mínimo de 136 × 3 = 408 pesetas°, pero no lo recomiendo, pues la acumulación desmedida° de riquezas dificulta el desarrollo espiritual.

about $4 per day

about $6 per day

excessive

—No tener hijos (para lo cual hay un método sencillo e infalible que está al alcance de todos: prescindir de° las relaciones sexuales).

prescindir... *to dispense with*

—En caso de tenerlos, no mandarlos al colegio° (total, para lo que les enseñan°...), sino ponerlos a trabajar, desde pequeñitos, de «botones»° en un hotel, con lo cual los niños aprenderán además a desenvolverse° en un ambiente° selecto y cosmopolita.

school
total... *which is just as well, for all that they teach them / bellhops*
to develop (grow up)
atmosphere

—Comer día sí y día no°, sana costumbre que ayuda a mantener una figura esbelta° y a evitar los empachos°.

día... *every other day*

slim / indigestion

—Negarse a hacer la «mili», repartir propaganda terrorista, colocar bombas, etcétera, con lo que se tiene garantizado el alojamiento gratuito° por cuenta del Gobierno durante una serie de años.

alojamiento... *free lodging*

DON NADIE

Artículo de *La Codorniz* (Madrid)

EJERCICIOS

El que es pobre es porque quiere

I
vocabulario

Ponga el artículo correcto y emplee cada una de las palabras siguientes en una frase.

serie	ambiente	costumbre	acumulación
alcance	hotel	país	"botones"

II
gramática

A

Cambie las frases siguientes según el modelo.

> Él se obstina en trabajar.
> **Sí, él se obstina en seguir trabajando**

1. Los pobres se obstinan en no trabajar.
2. Entonces yo me obstinaba en repetir.
3. El enfermo se obstinó en no comer.
4. Estos niños se obstinan en hacer ruido.
5. El alumno se obstinó en venir tarde.

B

Complete las frases siguientes empleando el modismo **ponerse a trabajar** y haciendo cambios en los verbos para ajustarlos al tiempo y la persona expresados al principio de la frase.

No debemos alistarnos como mercenarios sino ponernos a trabajar.

1. No deben _____.
2. No quiere _____.
3. No quiso _____.
4. No hay que _____.
5. No tenemos que _____.

C

Conteste las preguntas siguientes empleando la frase verbal **negarse a hacerlo** en su forma correcta.

¿Quiere usted hacer la "mili"?
No me niego a hacerla.

1. ¿Quiso él venir a ayudarme?
2. ¿Debemos votar en las elecciones?
3. ¿Querían trabajar todos los días?
4. ¿Va usted a apoyarme?
5. ¿Quiere usted repetir la palabra?
6. ¿Estudió tu hijo la lección de hoy?

III

preguntas

1. ¿Quién es el autor de este artículo? ¿Es su nombre verdadero?
2. ¿Cuál es la actitud del autor? ¿Es serio? ¿irónico? ¿Cómo sabemos?
3. ¿Cuántos remedios da él contra la pobreza? ¿Cuáles son los más atractivos? ¿Cuál escogería usted?
4. ¿Cree usted que "la acumulación desmedida de riquezas dificulta el desarrollo espiritual"? ¿Cuál de los dibujos en las páginas anteriores puede servir de ilustración para este punto?
5. ¿Cuál es la actitud del autor frente a la educación en España?
6. ¿Qué sugiere el autor que los lectores hagan con sus hijos?
7. ¿Qué procedimientos sugiere él para ir a la cárcel? ¿Son los mismos en los Estados Unidos?

IV

temas

Comente en forma oral o escrita.

1. Hay más maneras de enfrentarse a la pobreza en España que en los Estados Unidos.
2. Trabajando mucho se evita la pobreza.
3. La pobreza es preferible a la riqueza porque un hombre pobre es mejor que un hombre rico.

bienaventurados *fortunate; "blessed"*

reino *kingdom*

de mayor *when you grow up*

ostra *oyster*

Caricatura de *La Codorniz* (Madrid)

5   LA INJUSTICIA

La injusticia es un monstruo con muchas cabezas, muchas caras de gesto° amargo°, muchas máscaras°. ¿Quién no ha sufrido la injusticia alguna vez en su vida? ¿Qué niño no ha sentido, en alguna ocasión, que lo castigaban° injustamente? Y si pensamos en la injusticia de que son víctimas los grupos humanos, comprendemos que el problema se agranda hasta hacerse casi infinito e insoportable. Por todas partes encontraremos grupos marginados° y discriminados. A veces se trata de opresión política, otras de algo más sutil: un grupo trata de dominar y ahogar° culturalmente a otro grupo humano. Las mujeres se sienten con frecuencia injustamente oprimidas por los hombres. Los pobres por los ricos. Los emigrantes han sido con gran frecuencia víctimas de una situación opresiva e injusta por motivos a la vez económicos y culturales. Así, por muchas razones nos parece lógico señalar que la injusticia hace presa° en grupos como los emigrantes puerto-rriqueños — y algunos emigrantes cubanos, que han tenido que luchar duramente para abrirse paso — en los Estados Unidos. Las minorías de color y las mujeres saben muy bien lo que es la injusticia.

Muchas veces asociamos la injusticia, en nuestras sociedades, con un régimen político arbitrario y antidemocrático: con un régimen de dictadura, en que la libertad individual es sistemáticamente pisoteada° por el gobierno y todo su aparato de represión. Esta forma notoria y espectacular de injusticia es, por desgracia, hoy igual que en el pasado, frecuente en países de cultura hispánica. Y, lo mismo hoy que ayer, son muchos los que combaten la opresión oficial en estos países. Sería erróneo, por otra parte, olvidar que con frecuencia llega un período de libertad y democracia después de un período de dictadura y opresión. El balance no es puramente negativo. Así, por ejemplo, en España, después de la muerte de Francisco Franco en 1975, se ha iniciado un período de democracia y de libertad. A pesar de las activi-dades terroristas (de las que nos ocuparemos en un capítulo aparte), el país

expression

bitter / masks

punished

living at the margin of society

strangle

hace...   *preys upon*

trampled on

ha encontrado un equilibrio político y social envidiable y prometedor°. Sin   *promising*
embargo, al mismo tiempo que España reconquistaba su libertad, en cambio, se agravaba la situación en algunos países de América del Sur. Por
otra parte, hay un caso muy curioso, con el que debemos empezar nuestro
doloroso relato: la injusticia sufrida por un grupo que se hallaba en su
tierra, en su propio país, cuando comenzó a sufrir la discriminación y la
opresión: los chicanos. A continuación extractamos algunos párrafos del
libro de Marcelino Peñuelas, La Cultura hispánica en los Estados Unidos,
en que se explica el origen histórico y el estado actual de esta situación y
se define el movimiento chicano de nuestros días.

César Chávez (en el centro) y los United Farm Workers (Sindicato del Trabajadores del Campo).

LA LUCHA DE LOS CHICANOS

El movimiento chicano comenzó sin orden, objetivos° o sistema, como pro-   *goals*
testa o rebelión instintiva ante los abusos de la población angloamericana
acumulados durante años y años. Aunque es un movimiento reciente, no
hay que olvidar que los hispanos no habían permanecido pasivos ante
dichos abusos. Pero las reacciones de protesta y rebelión del pasado eran
esporádicas y aisladas, no logrando en muchos casos que los incidentes
tuvieran repercusión más allá de la pequeña localidad donde se producían.

Todo comenzó a cambiar al final de la segunda guerra mundial, allá
por los años cuarenta. En el proceso de cambio influyó considerablemente
el traslado° de la población hispana del campo a las ciudades, atraída por   *migration*

esperanzas de mejores condiciones de trabajo. Aunque el cambio no significaba en la mayoría de los casos sensibles ventajas económicas o sociales, la atracción poderosa de la vida urbana era una fuerza irresistible para gran número de familias, hasta el extremo de que se puede hablar de éxodo. El resultado ha sido una verdadera inversión en el reparto° de la población mexicanoamericana del país. Hasta alrededor de 1940 la gran mayoría vivía en el campo; su cultura era típica y fundamentalmente rural. Durante los años cuarenta, y con creciente intensidad durante los cincuenta y sesenta, hubo un éxodo hacia los centros urbanos. Y en los últimos años la gran mayoría de los mexicanoamericanos vive en ciudades, en las grandes urbes del Suroeste.

distribution

La vida urbana ha cambiado al mexicanoamericano en muy poco tiempo. Los problemas socio-económicos se han agravado y multiplicado, creciendo proporcionalmente los obstáculos y sufrimientos. Pero al mismo tiempo ha podido participar en la ciudad de algunas ventajas de que carecía° en el campo, sobre todo de facilidades educativas. Muchos mexicanoamericanos tienen ahora mejores posibilidades de acceso a las escuelas públicas, y también a los centros de educación superior; ha aumentado considerablemente la conciencia política del grupo.

de... which were lacking

Braceros chicanos recolectando lechuga en el Valle Imperial de California.

Aunque hoy los mexicanoamericanos están todavía muy lejos de participar plenamente en la vida política del país, se dan cuenta de que la fuerza política significa la posibilidad de mejorar su condición, como ocurre, en parte, en Nuevo México, en cuya Cámara de Diputados y Senado hay algunos mexicanoamericanos.

Durante los últimos diez años estamos presenciando una intensa actividad política a causa sobre todo de la aparición y desarrollo del movimiento chicano.

Versión condensada de *La cultura hispánica en los Estados Unidos*, de M. Peñuelas

Este mural en Chicago protesta contra el trato injusto que reciben los inmigrantes ilegales que llegan de México.

EJERCICIOS

La lucha de los chicanos

I

vocabulario

Guiándose por el vocabulario del ensayo, complete cada frase.

1. El objeto de tela, papel, u otro material, que cubre y disfraza (*disguises*) un rostro humano se llama una _____.
2. Si un individuo o un grupo ha quedado fuera de la corriente principal de actividad y progreso de una sociedad, decimos que ha quedado _____.
3. Cuando alguien sale de su país y se traslada a otro con intención de quedarse allí y trabajar en el nuevo país decimos que es un _____.
4. Un régimen político arbitrario y antidemocrático es una _____.
5. Cuando una actitud surge espontáneamente, sin reflexión, decimos que es una actitud _____.
6. Una fuerza que no podemos detener o contrarrestar en ningún modo es una fuerza _____.
7. Cuando un problema se ha hecho más serio, decimos que se ha _____.
8. Un movimiento de masas de un lugar o un país a otra tierra, otro país, se llama un _____.
9. Si los problemas crecen con gran rapidez, si se hacen mucho más numerosos, decimos que se han _____.
10. Cuando a alguien le falta algo (un objeto, una ventaja, un privilegio) decimos que esta persona _____ de ese objeto, esa ventaja o ese privilegio.

II

preguntas

1. ¿Qué motivó el comienzo del movimiento chicano?
2. En el pasado, ¿cuál era el alcance (*scope*) de las reacciones chicanas de protesta?
3. ¿Cuándo comenzó a cambiar la situación?
4. ¿Por qué se desplazaban los chicanos a las ciudades?
5. ¿Dónde vive hoy la mayoría de los mexicanoamericanos?
6. ¿Cuáles han sido los cambios negativos de este éxodo a las ciudades?
7. ¿Y cuáles han sido las ventajas de este cambio?
8. ¿Qué han comprendido los mexicanoamericanos en cuanto a la vida política del país?
9. ¿En qué lugar parecen haber tenido mayor éxito, y en qué consiste este éxito?
10. ¿Cuándo y por qué se ha acelerado el movimiento chicano?

El movimiento para la liberación de la mujer asumió gran importancia durante la última década no sólo en los Estados Unidos sino también en España y en Hispanoamérica. Su éxito, según las feministas, es también un éxito para los hombres. Ellas dicen que el hombre no puede ser un individuo, libre de las normas estereotipadas de su sexo, si la mujer es sujetada° a las ideas anticuadas de la feminidad.

subjected

Desde 1975, año mundial de la mujer, en España participan en el movimiento feminista mujeres de toda clase social: obreras, estudiantes, profesoras, y también amas de casa°.

housewives

LAS MUJERES A LA CONQUISTA DE UN SUELDO°

salary

por *Trini De León-Sotelo*

Una paga estatal° a las amas de casa supondría una cantidad superior a los presupuestos° generales del Estado.

paga... *state-regulated salary*
budgets

El ideal de la mujer moderna es la "familia simétrica", en la que todos comparten° las tareas° del hogar°.

share / tasks / home

Entre los defensores y detractores del ama de casa, no faltan — contradicciones de la vida — los que la consideran un parásito del hombre. Pero los "parásitos" empiezan a elegir la libertad. Una libertad a la que se llega por el camino de la independencia económica y de nuevas leyes que afectan al derecho de familia. La tradicional composición del hogar, en la que el marido-amo° garantizaba el mantenimiento y una supuesta protección del débil (en este caso, la mujer), está en crisis. Hoy, el matrimonio quiere basarse en la igualdad jurídica y moral de los cónyuges°.

husband-master

spouses

Para ver cómo cambian las cosas basta con observar cómo una aplastante° mayoría de hombres y mujeres consideran que la labor del ama de casa es útil y necesaria. ¿Será por eso por lo que no se le marcan horarios° ni se le conceden vacaciones?

huge

marcan... *establish working timetables*

Las parejas de hoy están empezando a compartir la difícil tarea de organizar el hogar y la familia.

Pero todavía son escasísimos los hombres que están dispuestos a mover un dedo en casa. ¿Egoísmo masculino? No es tan sencillo. O sea, que hace sólo tres años, las propias mujeres°, a pesar de sus protestas y del aburrimiento° y pesadez° de sus tareas, consideraban que les corresponden°. ¿Masoquismo? Más bien, el resultado de la educación recibida, que llega a asimilarse de tal modo que no se tiene capacidad de reacción. Pero lo que no puede negarse es que las hijas de esas madres están teniendo una educación cultural que las iguala al varón° y que entre sus proyectos de futuro se cuenta el de desempeñar° una profesión que compaginarán con el hogar°, si se casan. De ahí que° dentro de° unos años será bastante extraño el marido que a la pregunta «¿qué hace tu mujer?» conteste: «Nada, está en casa». Las mujeres, unas en la práctica y otras con el pensamiento, se sienten cada vez más molestas° ante el hecho de que sea el varón el que luzca° la tarjeta de trabajador°.

propias... *women themselves*
boredom / heavy burden
(the tasks) fitted (their status)

male

carry out, exercise

que... *will be coordinated with household tasks / De... therefore / dentro... within*

irritated

shows with pride / tarjeta... working card (papers)

Cada cónyuge quiere tener su propio dinero

Conseguir un sueldo por medio de un empleo° fuera° del hogar es una meta° que miles° de mujeres quieren alcanzar°. El papel° de administradoras de lo que gana el marido no les basta°. El hecho de contribuir con

por... *by means of a job / outside*
goal / thousands / reach / role
no... *does not seem to be enough*

dinero a los gastos familiares° se ve como un punto de fuerza en el matrimonio.

Ángela, veintitrés, secretaria y estudiante de Políticas°. Luis, veintisiete, abogado°.

Ángela: «Me coloqué° porque me causaba una gran frustración no disponer de° dinero mío. Luis se ponía furioso, pero no conseguía convencerme. Ahora con mi empleo estoy en condiciones de contribuir a los gastos de casa». ¿Cómo han organizado la cuestión económica? «Tenemos cuentas corrientes separadas°. Así cada uno sabe exactamente de qué puede disponer°. De las cuentas sacamos° para los gastos y los dividimos en varias partes: alquiler°, comida, luz°... Luego llevamos un libro en el que anotamos las entradas y salidas con detalle, así aprendemos a administrar con criterio°. Es un sistema que he estudiado, inspirándome en una idea que leí no sé dónde». Luis comenta que «a los gastos generales contribuimos en proporción a nuestros ingresos°: treinta por ciento Ángela y setenta por ciento yo, porque gano justo° el doble. Los gastos gordos°, por ejemplo, el equipo estereofónico, van por partes iguales». Quizá a muchos les parezca complicado, pero Ángela aclara que «tratamos de hacer las cosas de modo que si llega la separación° sea más fácil. ¿Quién asegura que lo que va bien ahora pueda ir bien toda la vida? Cierto que puede existir el divorcio, pero son gestiones° lentas y desagradables que complican las separaciones en el plano emocional».

En fin, la incorporación de las mujeres a la vida activa del país lleva consigo muchísimos cambios. Y eso que todavía las mujeres no ocupan puestos equiparables° a los del hombre. Según una estadística publicada por el Frente de Liberación de la Mujer, las profesiones que cuentan con mayor presencia femenina son el servicio doméstico (96,5 por 100), sastres° y modistas° (83 por 100), porteros y personal de limpieza (81 por 100), tintorerías° y lavanderías (80,2 por 100), peluquerías° (67,1 por 100). En cambio, el personal directivo de empresas° y organismos sólo cuenta con un 3,6 por 100 de mujeres; entre los jefes de ventas y compras° hay un 6,2 por 100; entre los profesionales de nivel° superior, un 27,4 por 100, y entre los de grado medio, un 35,6 por 100. Pero ni qué decir tiene° que las jóvenes generaciones están dispuestas a hacer cambiar estas cifras.

Adaptación de un artículo de *Blanco y Negro* (Madrid)

gastos... family expenses

political science
lawyer
Me... I found a job
no... not to have at my disposal

cuentas... separate checking accounts
de... what he or she can spend / we take out
rent / electricity

wisdom

income

exactly / gastos... big expenses

si... if we ever separate (divorce)

steps

comparable

tailors
dressmakers
dry cleaners / beauty parlors
business companies
jefes... purchasing and sales managers
bracket (in this context)
ni... it is obvious

EJERCICIOS

Las mujeres a la conquista de un sueldo

I
gramática

Utilice el verbo sugerido en su forma adecuada.

1. La mayoría de las mujeres no consideran que la labor del ama de casa (ser) necesaria.
2. Pero lo que no puede negarse (ser) que las muchachas modernas (tener) una educación que las (igualar) al varón.
3. Dentro de unos años (ser) bastante raro el marido que a la pregunta "¿Qué hace tu mujer?" (decir) "Nada, (quedarse) en casa".
4. Yo (disponer) de mi propio dinero y quiero que ella también (disponer) del suyo.
5. ¿Quién asegura que lo que (ir) bien ahora (ir) bien toda la vida?
6. Ella (inspirarse) hace tiempo en una idea que (leer) pero cuando la (contar) a su marido, él (ponerse) furioso.

II
preguntas

1. ¿Cómo explica usted que sólo hace tres años las propias mujeres, a pesar de sus protestas y del aburrimiento de sus tareas, consideraban que les corresponden?
2. Hoy día, ¿cuál es la meta que miles de mujeres quieren alcanzar?
3. ¿Cree usted que el hecho de que los dos cónyuges contribuyen a los gastos de la familia es un punto de fuerza o de debilidad en el matrimonio?
4. ¿Por qué se colocó Ángela?
5. ¿Cómo organiza esta pareja la cuestión económica?
6. ¿Qué proporción de los ingresos familiares gana Ángela? ¿Contribuye la misma cantidad a los gastos gordos que su marido?
7. ¿Cuáles son las profesiones en España que cuentan con mayor presencia femenina?

III
opiniones

1. ¿Le bastaría a usted ser administradora de lo que gana su marido? (que conteste una mujer)
2. ¿Le gustaría que su esposa (o futura esposa) sea administradora de lo que usted gana? (que conteste un hombre)

MANIFESTACIÓN TARDÍA°

late

qué de moda estamos
       en este año de la mujer
    CHICANA
       pero
    no seas creída°

smug

estamos muy en boga°

en... fashionable

       pero
    no confíes mucho
  date tu propio valor
     eres tú   MUJER
     tú sola
       en tus orgasmos
         en tus partos°

childbirths

         en tu muerte
  ¿y en tu palabra?
  ya déjate de ser cómplice
         a ajena° definición

someone else's

SÍ CHICANA   y ayudar al prójimo
       pero
    sólo porque tú quieres
primero un ser que vale
      un individuo único
        una totalidad libre también
  y trata de hacerlo todo
        y así
         sí dejas algo
          sí puedes
        puedes mucho más

busca tu nombre
        dentro de ti misma
CHICANA
    crea tu propia palabra
        tu esencia   TÚ
    no te vayas a quedar atrás después
        prepárate
    ya estás advertida
            tarde   temprano
            sola   sola
    haz lo que tus hermanos
        MUJER   CHICANA
                        y rompe
    en éxtasis furiosa haz garras°   haz... *make shreds*
                los cordones° de los mitos°   *ribbons / myths*
            tú sola
sí de muy insincera moda estamos
            pero
                no hay por qué ser creída
                no por el macho
                no por el fruto de tu vientre°   fruto... *fruit of your womb*
            sangras   sufres
            pero   mueres sola
                        tú y la nada
sé homenaje° a tu raza   crea tu propio cosmos   *credit*
CHICANA   HERMANA   MUJER
        ahora actúa por
                TI

Margarita Cota Cárdenas

¿TE AYUDA TU MARIDO?

He aquí un cuestionario que pueden contestar indistintamente el marido o la mujer. Revela hasta qué punto los hombres colaboran efectivamente con su compañera en los problemas de la casa y la familia. Está destinado a las parejas° en las que la mujer trabaja sólo en casa; pero se puede adaptar también a los casos en que ambos cónyuges trabajen fuera. Hay maridos que al resistirse a responder a nuestras preguntas ya demuestran ser conscientes de que no ayudan bastante a su mujer. Pero el quid° puede dar sorpresas a quienes, por el contrario, estén convencidos de cumplir° bien su cometido°.

Señalar con una cruz las respuestas que les parecen exactas:

	Nunca	A veces	Siempre
1) ¿Es él quien despierta a los demás?	0	1	2
2) ¿Prepara el desayuno?	0	1	2
3) ¿Ayuda a hacer las camas?	0	1	2
4) ¿Ayuda a quitar el polvo a los muebles y sacar brillo° al suelo?	0	1	2
5) ¿Hace las pequeñas reparaciones domésticas?	0	1	2
6) ¿Lleva a los niños al colegio?	0	1	2
7) ¿Hace la compra° por la tarde, antes de volver a casa desde la oficina?	0	1	2
8) ¿Prepara la comida o la cena?	0	1	2
9) ¿Pone° la mesa?	0	1	2
10) ¿Lava los platos?	0	1	2
11) ¿Habla con los profesores de sus hijos?	0	1	2
12) ¿Controla los deberes° de los hijos?	0	1	2
13) Cuando viaja, ¿se hace la maleta°?	0	1	2
14) ¿Se levanta si el niño llora por la noche?	0	1	2
15) ¿Se ocupa de pagar multas°, impuestos°, seguros°...?	0	1	2
16) ¿Se lava sus camisas?	0	1	2
17) ¿Cuida a los niños enfermos?	0	1	2
18) ¿Se compra él solo su ropa?	0	1	2
19) ¿Contesta al teléfono en casa?	0	1	2

couples

quiz (Spanish corruption of English)
fulfill / duty

sacar... shine or polish

hace... do the marketing

set

homework or tasks
se... pack the bags

fines / taxes
insurance

Y ahora hagan la suma de los puntos correspondientes a las cruces. Si no tienen hijos, den al marido tres puntos menos. Si el total es inferior a 10 puntos, él deja mucho que desear como colaborador doméstico. De 10 a 20, está en el buen camino pero podría hacer más. De 21 a 30, es un marido modelo. Por encima de 31, casi, casi, exagera. Tal vez no tiene confianza en la mujer.

ELLA SE CANSA MÁS QUE UN HOMBRE EN UNA FÁBRICA

En todos los momentos de nuestra vida gastamos calorías. Un mínimo movimiento de los brazos, levantar el auricular del teléfono, por ejemplo, constituye un gasto energético. El trabajo del ama de casa (un ama de casa-tipo: marido, dos hijos, piso de tres habitaciones, más los servicios°), desde siempre minusvalorado por los hombres, es en realidad una de las actividades que comportan mayor gasto° de calorías. Basta compararlo, como hacemos en el cuadro siguiente, con el trabajo de un empleado o de un obrero. Los resultados son sorprendentes. El gasto medio° de calorías de un ama de casa, en actividad desde las siete de la mañana hasta las diez de la noche, lo han calculado los expertos en 3.150 calorías, distribuidas así:

piso... *apartment of three rooms and bath*

expenditure

average

	Gasto calórico
Hacer las camas	200
Hacer la compra	200
Cocinar	300
Barrer°	100
Limpiar el polvo	50
Frotar el suelo con la bayeta°	300
Encerar°	350
Lavar los platos	250
Planchar°	100
Lavar a mano	100
Preparar y poner la mesa	300
Sacudir las alfombras°	100
Salir con los niños	500
Otros varios movimientos	300
Total calorías	3.150

sweep

frotar... *scrub the floor*

wax

iron

shake out the rugs

Veamos ahora el gasto calórico en otras actividades:

Obrero	3.000
Empleado	2.100
Pensionista	1.700

La conclusión es desconcertante. La tan maltratada ama de casa tiene un gasto calórico superior al de un obrero.

Adaptación de un artículo de *Blanco y Negro* (Madrid)

EJERCICIOS

¿Te ayuda tu marido?
Ella se cansa más que un hombre en una fábrica

I
vocabulario

Teatro doméstico. Pruebe que usted entiende el significado de las siguientes frases, demostrándolas sin decir palabra.

quitar el polvo a los muebles	poner la mesa
sacar brillo al suelo	barrer
lavar los platos	sacudir las alfombras
lavar una camisa	planchar

II
proyectos

El cuestionario anterior fue elaborado desde el punto de vista de la mujer. Preparen ustedes un cuestionario que refleje las inquietudes (*worries*) masculinas con respecto al papel de la mujer.

6   EL CRIMEN

Los titulares° de los periódicos hablan a diario de crímenes y de criminales. Como si el crimen fuera algo novedoso°. Y, al contrario, es una
experiencia humana muy antigua (basta pensar en el Génesis, en Caín
contra Abel). Pero es posible que la criminalidad, en algunas sociedades,
esté aumentando en estos últimos años. La falta de empleo puede tener
consecuencias peores que la pobreza, la emigración o el aburrimiento:
puede llevar a veces a la desesperación y al crimen. Hoy día hay crímenes
y criminales de toda clase. Y también hay criminales de cada sexo: aunque
a menudo la mujer es la víctima del crimen, veremos que el sexo "débil"
también comete algunos crímenes.

Además en estos últimos años ha aumentado considerablemente en muchos
países — incluyendo a España y Latinoamérica — otro tipo de crimen: el
terrorismo político, la violencia contra personas o instituciones, las bombas,
la toma de rehenes°, los secuestros° y los asesinatos. Casi siempre son
grupos muy pequeños que tratan de subvertir los gobiernos y cambiar el
orden social. A veces, como en algunos países de Sudamérica, los gobiernos
fomentan bandas terroristas que secuestran y hacen desaparecer a los
enemigos del régimen. La variedad de crímenes y de criminales es infinita.
Aunque todo crimen es condenable, antes de juzgar a criminales de cualquier clase es bueno tratar de entender cómo y por qué el criminal cometió
el crimen.

headlines
newfangled

hostages / kidnappings

EL CRIMEN Y LOS SEXOS

NOTICIAS BREVES

Doña Carmen Castelán Cruz (Granados número 31, Peralvillo) ha solicitado la protección policíaca° porque [como dice ella]... "hace tres años entré a trabajar en el taller de costura° de Fidel Juárez N. (Manuel M. Flores número 145, Colonia Obrera) quien desde entonces se dedicó a molestarme con pretensiones indebidas°". Doña Carmen lo rechazó° siempre y él [ella sigue]... "me obligaba a trabajar más de la cuenta°. Después me mandó a trabajar a destajo° y nunca me pagaba por lo que hacía"... En cambio: "hasta me prometía divorciarse si aceptara casarme con él."

    Doña Carmen, a todo, contestaba: "¡no!"... pero don Fidel "aprovechándose° de que tengo mucha necesidad de trabajar, sigue hostilizándome°, al grado de que en dos ocasiones me ha golpeado° y ahora me tiene amenazada de muerte." Inclusive, ya amenazó también a César Augusto Cárdenas, cuñado° de doña Carmen, y a ambos les dijo que "si me denuncian la van a pasar peor°"... cosa que trata de evitar la policía.

police

taller... dress-making factory

pretensiones... improper attentions / rejected too much

a... piecework

taking advantage

molesting me / struck

brother-in-law

la... it will go worse for you

Artículo de *Excelsior* (ciudad de México)

Parece cierto que las mujeres son más a menudo víctimas que autores de los crímenes. Escuche lo que dice una revista de Madrid, Telva.

¿Quién es peor, la mujer o el hombre?

Esta pregunta, aplicada al campo de los delitos° que castiga la ley, se la han hecho abogados° de todo el mundo en una semana de trabajo. Como las cifras° no engañan°, tenían que reconocer° que de 1.000 delitos descubiertos, 850 tenían como autores a hombres. Lo más curioso es la conclusión a la que llegaron los abogados. "Eso no quiere decir que los hombres sean peores que las mujeres. Lo que pasa es que las mujeres proceden con muchísima más habilidad en los hechos delictivos y no se las descubre." ¿Qué les parece la lógica de los caballeros? Con ese complejo de superestupendos no se arreglarán nunca°. Y así va el mundo.

crimes
lawyers
numbers / deceive / admit

no... they will never tidy things up

Artículo de *Telva* (Madrid)

Pero la mujer no es siempre la víctima.

Una mujer mata a su tío porque no la dejaba dormir con sus ronquidos°

snores

Una mujer ha confesado que había dado muerte a un tío suyo de ochenta y siete años, con un martillo°, porque roncaba, informa un portavoz° de la Policía.

hammer / spokesman

La víctima vivía con su familia en un pequeño piso°. La mujer, de cuarenta y siete años, declaró que le había matado porque sus ronquidos no la dejaban dormir.

apartment

Adaptación de un artículo de *ABC* (Madrid)

EJERCICIOS

El crimen y los sexos

I

vocabulario

Encuentre en los tres artículos la palabra o el modismo cuya definición damos a continuación. Empléelo en una frase.

lugar donde cosen vestidos   producir una decepción
demasiado   hacer ruidos molestos cuando se duerme
crímenes   hacer un informe a la policía

II

gramática

A

Llene los espacios vacíos con los verbos que damos en su forma infinitiva pero cambiándolos según el sentido del párrafo.

Hace tres años yo (entrar) _____ a trabajar en el taller de costura del señor X. Desde entonces él (dedicarse) _____ a molestarme. Yo le (rechazar) _____ siempre pero él y su hermano cada día me (obligar) _____ a trabajar más de la cuenta. Una vez me (mandar) _____ a trabajar a destajo. Nunca me (pagar) _____ lo que me (deber) _____ pero el señor X (prometer) _____ divorciarse si yo (querer) _____. A todo yo (contestar) _____ "No". Pero él (saber) _____ que yo (tener) _____ necesidad de trabajar y (decidir) _____ aprovecharse de ello. Él me (amenazar) _____ ayer y hoy sigue (amenazar) _____ me. Yo juro que me tiene (amenazar) _____ de muerte. Pero esta mañana yo le (decir) _____ que yo (ir) _____ a la policía. Y ahora aquí (estar) _____.

B

El verbo **aprovecharse** quiere decir *to take advantage*. Emplee este verbo en su forma adecuada en las frases siguientes.

Él se aprovecha de que tengo necesidad.

1. Debemos _____ del tiempo.
2. Hay que _____ de cada situación.
3. Siempre ustedes _____ de los demás.
4. Antes cada mañana nosotros _____ de nuestro tiempo libre.
5. Hoy todavía yo no _____ de la pista de tenis.
6. (*mandato*) ¡_____ de esta oportunidad!

III

preguntas

Noticias breves

1. ¿De qué se queja la señora Castelán Cruz?
2. ¿Cuáles son las injusticias (con respeto a su trabajo) que menciona?
3. ¿Qué le prometió el señor Fidel Juárez?
4. ¿Cuál era la respuesta de la señora a todo lo que le sugirió el señor Juárez?
5. ¿Con qué la amenaza ahora el señor Juárez?
6. ¿Qué es lo que teme el señor Juárez?

¿Quién es peor...?

1. ¿Quiénes cometen más delitos, los hombres o las mujeres?
2. ¿Cómo interpretan las estadísticas acerca del crimen los abogados?
3. ¿Está usted de acuerdo con esta interpretación?
4. ¿Cómo interpreta usted las mismas estadísticas?

Una mujer mata a su tío...

1. ¿De qué crimen está acusada la mujer?
2. ¿Qué instrumento empleó?
3. ¿Por qué motivo actuó la mujer?
4. ¿Dónde vivían la víctima y la autora del crimen?
5. ¿Cree usted que la mujer tiene alguna justificación?
6. ¿Qué habría hecho usted en las mismas circunstancias?

Habla un psiquiatra español

por *Mercedes García Picaso*

Hay muchas maneras de conseguir la paz interior, algunas poco recomendables. Hoy en día, discutiendo apasionadamente el problema de las drogas, olvidamos que no son ninguna novedad°. El hambre, la desesperación, el miedo y la curiosidad empujaron° al hombre primitivo hacia la droga. Así apareció el opio en China, el peyotl entre los aztecas, la "coca"° entre los incas. Los vedas de la India se embriagaban° con "soma"*, los griegos con "néctar" y con "ambrosía". El hombre moderno escapa con alcohol, tabaco y pastillas° que le despiertan y duermen a voluntad°.

novelty
impelled
coca leaf (source of cocaine)
se... got drunk

pills / a... at his will

La cuestión es ésta: servirse de la Naturaleza para ayudar al hombre o utilizarla para destruirle. De lo primero se ocupan los científicos; de lo segundo, los promotores del consumo de tóxicos, sus traficantes y corruptores.

En España el número de jóvenes aficionados a las drogas es todavía muy pequeño en comparación con los Estados Unidos y los países del norte de Europa. Pero el peligro se extiende, sobre todo en Madrid y Barcelona y las zonas costeras°: Málaga, Baleares y la Costa Brava. Así es que España empieza a compartir° con el resto del mundo el problema de las drogas. Y nosotros, como todos los demás, tenemos que preguntarnos: ¿quién es culpable? ¿Retrocedemos hacia la magia° y el primitivismo de las creencias° ancestrales? ¿Qué significa la era del átomo y las conquistas espaciales frente al vacío° humano y la vuelta a la selva° en las ciudades automáticas?

coastal
to share

magic / beliefs

vacuum / jungle

¿Quién es culpable? O mejor, quizás, ¿qué es culpable? Pues culpables son las ideologías del materialismo moderno, la desnaturalización de las guerras, la miopía° de los padres con sus hijos, la retórica egoísta de la política, la falta de serenidad de la vida, el dinero, el aburrimiento, etc. Usted puede continuar la lista. De tal manera que según un psiquiatra el tema debe ser no la droga sino la vida.

shortsightedness

---

* An ancient drink probably made from fermented wild rhubarb or hemp.

¿Nos drogamos todos
de alguna manera?

Publicamos, a continuación, parte de una entrevista° con el joven especia-
lista en neuropsiquiatría, Ignacio Basurte, que trabaja en una clínica de
rehabilitación de alcohólicos y toxicómanos° de Madrid.

interview

drug addicts

— *¿Dónde está el motivo profundo de la toxicomanía?*
— No está en la droga, sino en la persona. Los conflictos de la personalidad o incluso pequeños trastornos° pueden ser motivo para drogarse
con lo que sea.

upsets

— *¿Quiénes se drogan? ¿En qué profesiones, en qué clase social y a
qué edad?*
— La gran droga en nuestro país es el alcohol. El alcoholismo sí que
es problema cada vez mayor. Lo demás es una minoría. En ella, los más
propicios° son aquellos que viven de todas las profesiones liberales. Y
desde luego, médicos, farmacéuticos° y enfermeras° — por la proximidad
profesional con la morfina — son los que más caen.

likely

druggists / nurses

El motivo no está en la droga,
sino en la persona.

— ¿*Nos drogamos todos de alguna manera?*

— De hecho, en la vida moderna ingerimos° continuamente alcohol, *we ingest*
tabaco y excitantes. Además, los productos para adelgazar° pueden pro- *para... slimming*
ducir depresiones tremendas cuando uno deja de tomarlos. Es como la
heroína. Los quince primeros días son estimulantes — se les llama "luna
de miel"° — pero luego la "pagan", la pagan con el bolsillo° y la salud. *honeymoon / pocket*

— ¿*Puede hablarse de un proceso de desintoxicación en general?*
¿*Es posible una cura profunda?*

— Es posible. Depende de la persona. El secreto siempre está en uno,
en su voluntad. En cuanto al proceso, yo lo veo en tres fases. En la primera,
el enfermo presenta unos trastornos del metabolismo general. En esta fase
el diálogo es absurdo, es como hablar con un alcohólico; la segunda parte
consiste en la deshabituación°: producir los condicionamientos que faciliten *breaking the habit*
la disminución y, finalmente, la supresión total del tóxico. En la tercera
fase, la más difícil de todas, hay que encontrar el porqué, la causa. El pa-
ciente tiene que llegar a la madurez°. Tiene que sentirse padre y madre de *maturity*
sí mismo.

— ¿Puede usted darnos un ejemplo?

— Con mucho gusto. Decirle a cualquiera: métase en su coche y conduzca llevando dentro a su padre y a su madre. Si en el viaje usted no se irrita ante las observaciones y consejos de ellos, usted es una persona madura. Ser maduro es eso: es no irritarse, tener perspectiva, ser uno mismo.

— ¿Y cómo organizaría usted una sociedad sana°? *healthy*

— Primero: diálogo de padres e hijos. El padre tiene que ser serio porque el hijo es serio. Segundo: diálogo del padre con la sociedad. El padre no debe predicar° una cosa en casa y luego hacer otra en la calle. *preach*
Me explico la reacción de muchos jóvenes de hoy que ven sólo la motivación económica en el trabajo del padre. Si la familia está seriamente organizada, pasa a la sociedad. Ya es sociedad sana. Ésta es mi conclusión. La sociedad es uno mismo. Y los problemas se arreglan de uno en uno, persona por persona.

Adaptación de un artículo de *Telva* (Madrid)

EJERCICIOS   *Habla un psiquiatra español*

I
vocabulario

A
Complete cada una de las frases según el modelo.

Elena está aficionada a las drogas. Es una toxicómana.

1. Juan _____ al alcohol. Es _____.
2. Jaime _____ al crimen. Es _____.
3. El doctor _____ a la psiquiatría. Es _____.
4. Nosotros _____ a la ciencia. Somos _____.

B
Definiciones. Conteste en español, fijándose en el texto.

1. ¿Cómo se llama una persona que toma drogas a menudo?
2. ¿Qué es una novedad?
3. ¿Qué es el peyotl?

4. ¿En qué dirección nos movemos cuando retrocedemos?
5. ¿Qué hay dentro de un vacío?
6. ¿Qué hacen los farmecéuticos? ¿las enfermeras?
7. ¿Qué otro verbo conoce usted que quiere decir *ingerir*?
8. ¿Conoce usted el verbo que quiere decir lo opuesto de *adelgazar*?
9. Cuando uno se deshabitúa de algo, ¿qué es lo que hace?

II
gramática

Añada la preposición adecuada, consultando, si es necesario, el texto del artículo.

1. Las pastillas le adormecen _____ voluntad.
2. Debemos servirnos _____ la naturaleza para ayudar al hombre.
3. Empezamos _____ compartir _____ el resto del mundo el problema de las drogas.
4. ¿Qué significan las conquistas espaciales _____ _____ vacío humano?
5. Publicamos _____ continuación la lista de drogas peligrosas.
6. _____ cuanto _____ proceso, diría que hay tres fases.
7. Usted no debe irritarse _____ las observaciones de sus padres.
8. Los problemas se arreglan _____ uno _____ uno, persona _____ persona.

III
cierto o falso

Si es falso, explique.

1. El problema de las drogas es algo nuevo en el mundo.
2. El problema de las drogas tiene igual importancia para todos los países de Europa y los Estados Unidos.
3. Según el doctor Basurte, la causa de que alguien se drogue se encuentra en su personalidad.
4. En España los que se drogan con más frecuencia son los médicos, enfermeras, etc.
5. Los productos para adelgazar pueden ser muy peligrosos.
6. El doctor Basurte no cree que una cura profunda sea posible.

IV
temas

Desarrolle en forma oral o escrita.

1. ¿Qué piensa usted de los consejos del doctor Basurte?
2. ¿Cree usted que las condiciones sociales que pueden empujar a una persona a drogarse son iguales en España y en los Estados Unidos?
3. Si usted fuera el doctor Basurte, ¿qué otros consejos daría usted?
4. Si usted pudiera, ¿cambiaría las leyes que tratan de las drogas?

EL CRIMEN POLÍTICO

No pasa semana sin que los periódicos nos traigan la noticia de algún crimen político. Los países de habla española no están inmunes de esta actividad, que afecta profundamente a la sociedad. En España el terrorismo político es en gran parte una consecuencia de las tensiones y represiones de la era de Franco, los años en que el gobierno central reprimió y persiguió a todos los españoles que no aceptaban totalmente la política oficial. La organización terrorista que actúa sobre todo en las provincias vascas, al norte de España, entre España y Francia, se llama la ETA, y estas tres letras corresponden a tres palabras en lengua vasca que significan "patria vasca y libertad". Franco suprimió todas las libertades individuales y los privilegios políticos, muy antiguos, de origen medieval, de los vascos; muchos vascos fueron encarcelados, torturados, ejecutados. La ETA fue al principio un pequeño movimiento de resistencia, surgido° en la década de los cincuenta   *arisen* y que creció en la de los sesenta, y que luchaba contra un régimen opresor

y cruel. No se podía hablar en vasco — o vascuence — por la calle, no se podía publicar en este idioma, incluso las viejas canciones vascas estaban prohibidas. Como ocurrió después con los grupos antiprotestantes e independentistas en Irlanda del Norte, la ETA se dividió en dos grupos: un grupo político, que reunía dinero y hacía propaganda por sus ideales — sobre todo en Francia y otros países — y un grupo militar, armado, que se expresaba por medio de atentados° terroristas y lucha abierta contra la policía *attacks* y el ejército. La muerte de Franco y el régimen liberal y monárquico que sucedió a Franco han significado que los vascos han reconquistado su libertad y su autonomía, que son hoy parte de la Constitución española. Pero la ETA, por lo menos el grupo militar de esta organización, sigue su campaña terrorista. Las concesiones obtenidas, dicen sus voceros°, no son *spokesmen* suficientes: únicamente la independencia total, la creación de un nuevo Estado separado de España, y la revolución social, podrían satisfacer sus aspiraciones. La mayor parte de los otros españoles se niega a hacer estas concesiones. Muchos vascos son neutrales, o simpatizan en secreto con la ETA, en esta lucha. Y la violencia sigue.

La noticia que damos a continuación ha dado la vuelta al mundo: el crimen ocurrió en España, pero hemos encontrado la noticia en un periódico de Bogotá, Colombia.

Más violencia ayer en España

MADRID, 13. (AP). — La situación de violencia política empeoró hoy al ser asesinados dos guardias civiles en la conflictiva región norteña vasca y gravemente herido un jefe guerillero español vasco en el sur de Francia.

La Policía culpó enseguida en San Sebastián a la ETA, la organización separatista vasca, por el asesinato de dos guardias civiles, la novena y décima víctimas este mes del terrorismo político en España.

Adaptación de una noticia en *El Tiempo* (Bogotá)

Los amargos frutos de la violencia: entierro de un guardia civil asesinado por la ETA.

Esta carta al editor del diario El País *se refiere a otro ataque de los terroristas, ocurrido unas semanas después del mencionado en la noticia anterior. En este segundo ataque murieron un guardia civil y su novia que viajaba con él en un tren.*

Cartas al director

La ETA y Hitler

Las razones aducidas por la ETA para matar al guardia civil y a su novia han sido: "Que sirvan de aviso° para todos los enemigos de Euskadi° y sus familiares°."

warning / Basque for "Basque
  Motherland"
associates

Los próximos avisos dirán:

"Para aquéllos que sean vecinos de... Para aquéllos que llevan apellidos como... Para aquéllos que nacieron en... Para aquéllos que viven en... Para aquéllos que etcétera."

Para los ideólogos actuales° de la ETA los intereses de la clase obrera, la lucha obrera, ya no es pretexto, todo ha sido superado°. Ahora la lucha es: la hegemonía° vasca a toda costa°. Lo vasco como *leit motiv*. Los intereses del pueblo vasco por encima de todo y de todos.

Por ser judíos, Hitler masacró a catorce millones de judíos. Por ser masón, comunista, liberal, vasco, Franco fusiló a millares de españoles.

Si la ETA fuera demócrata lucharía directa o indirectamente por medio de la palabra, a la conquista de los votos. En cambio ha optado° por el camino más fácil y seguro: matando al contrario. La dialéctica de las armas. La palabra queda olvidada.

¿Por qué no se dice de una vez por todas° que en estos momentos la lucha de la ETA es racista? Al igual que el pueblo alemán tuvo que asumir su responsabilidad al apoyar°, por omisión, a sus dirigentes, el pueblo vasco deberá hacer lo mismo con la ETA y atenerse° a las consecuencias, que serán dolorosísimas para todos y en particular para el pueblo vasco.

El terrorismo traerá la dictadura a corto plazo°, y ninguno de los pueblos de España, incluido el vasco, olvidará a los responsables por varias generaciones. Por haber abortado un hermoso sueño que estaba, una vez más, al alcance de la mano°, y que los españoles nos merecemos sobradamente°.

J. Ángel de Frutos
Madrid

Carta a *El País* (Madrid)

present
overcome

dominance / a... at any price

chosen

de... once and for all

support
abide

a... within a short time

al... within reach
overwhelmingly

EJERCICIOS

Más violencia
La ETA y Hitler

I

gramática

Llene los espacios con las preposiciones adecuadas (por ejemplo, **en, por, para, de, sobre, alrededor**). Traduzca las frases.

La policía culpó a la ETA por el asesinato de dos guardias civiles.
The police blamed the ETA for the assassination of two civil guards.

1. Las razones señaladas _____ la policía _____ arrestar _____ las tres personas eran _____ carácter dudoso.
2. Los arrestados eran _____ la clase obrera y muchos pensaron que en realidad eran arrestados _____ ser liberales o comunistas.
3. Lo malo es que muchas personas han optado _____ el camino más fácil: matando _____ contrario.
4. El terrorismo traerá la dictadura _____ corto plazo. Nadie olvidará _____ los responsables _____ varias generaciones.
5. Pero _____ muchos, los intereses _____ nuestro pueblo vasco están _____ encima _____ todo.
6. _____ ser judíos, Hitler masacró _____ 14.000.000 de personas. _____ estas personas, no era posible luchar _____ medio de la palabra.

II

preguntas

1. Identifique la ETA.
2. Según el artículo que apareció en *El Tiempo* de Bogotá, ¿quiénes fueron asesinados en qué ciudad?
3. ¿Cómo se distingue el terrorismo político del crimen ordinario?
4. En el artículo de *El País*, ¿cuáles eran las razones señaladas por la ETA para matar al guardia civil y a su novia?
5. ¿Por qué compara el escritor de la carta a Hitler y la ETA?
6. ¿Qué haría la ETA si fuera una organización democrática?
7. ¿Por qué tiene que asumir la responsabilidad de las acciones de la ETA todo el pueblo vasco?
8. ¿Cuál es el temor del escritor de la carta con respecto al futuro de España?
9. ¿Cómo se llama el hermoso sueño que está al alcance de la mano en España hoy día?
10. ¿Puede usted pensar en otros grupos políticos semejantes a la ETA?

Como reacción contra el terrorismo, la gente escribe cartas de indignación a los periódicos y los gobiernos mismos organizan grupos de policías especiales, antiterroristas, para defender la sociedad y el sistema político amenazados. España acaba de entrenar:

58 SUPERAGENTES CONTRA EL TERRORISMO

Los primeros grupos de la nueva policía española antiterrorista han sido presentados a la opinión pública. Una rigurosa selección, un duro aprendizaje° y un abundante equipo son las armas de que disponen.

training

Tras un año de preparación a cargo de profesores españoles, han sido presentados a la prensa los Grupos Especiales de Operaciones (GEO), unidades especiales de la Policía Armada, destinadas a la lucha antiterrorista. Según las palabras del capitán Quijada, que fue quien dirigió la demostración, los GEO "están al servicio del pueblo español por encima de toda opción política"°.

por... above politics

La policía española antiterrorista en maniobras.

En la presentación ante medio centenar° de periodistas españoles y corresponsales extranjeros, algunos de los cincuenta y ocho hombres que han finalizado el primer curso hicieron una demostración de sus conocimientos en el Cuartel° de la Policía Nacional de Guadalajara. La selección, se informó, es muy rigurosa para los aspirantes°, todos los cuales han de proceder° de la Policía Nacional. El reconocimiento médico° exhaustivo que sufren, así como las pruebas físicas y psicológicas, ocasionan la baja de un 80 por 100° de los aspirantes. Pero, una vez admitidos en el grupo, un gabinete de psicólogos les reconoce cada cuatro meses para controlar continuamente su estado y rendimiento.

Los miembros de los GEO tienen una media de edad° de veinticuatro a veinticinco años, estando el tope° de ingreso en los veintisiete años. El 98 por 100 está casado, aunque el período de instrucción se realiza en régimen de internado°. En esa etapa de preparación, los componentes de la unidad antiterrorista se hacen especialistas en una amplia gama° de materias y técnicas: preparación psicológica y psíquica, endurecimiento, gimnasio y artes marciales, natación, escalada, paracaidismo°, tiro de revólver, metralleta°, etc., formación jurídica y moral, terrorismo y subversión y conducción de las más variadas clases de vehículos. "Cada miembro del GEO", afirmó el capitán Quijada, "debe saber lo que hace, por qué lo hace y, sobre todo, por qué se juega° la vida."

Los miembros de los Grupos Especiales de Operación están uniformados con prendas° beige, de forma similar a como próximamente estarán vestidos los hombres de la Policía Nacional. Los GEO, organizados en tres grupos de ocho comandos cada uno con cinco hombres, dependen del director general de Seguridad a través del inspector general de la Policía Nacional, y se encuentran preparados para actuar durante las veinticuatro horas del día.

En estrecho contacto con los grupos antiterroristas extranjeros para realizar un continuo intercambio de experiencia, la nueva policía española antiterrorista dispone de un moderno material que comprende desde el helicóptero, vehículos ligeros y blindados°, hasta equipos topográficos° y de filmación. Por su parte, cada comando posee dos vehículos con equipo de radio y modernas armas de tiro.

Artículo de Sábado Gráfico (Madrid)

medio...	*fifty*
	barracks
	candidates
	come from / reconocimiento... *checkup*
	80... *80%*
media...	*average age*
	limit
	se... *takes place within the confines of a barracks*
	range
	parachuting
	submachine gun
	se... *he risks*
	outfits
	armored / equipos... *mapmaking equipment*

EJERCICIOS

58 superagentes contra el terrorismo

I
vocabulario

Traduzca el verbo y dé el substantivo que le corresponde y que aparece en este artículo.

demostrar/**to demonstrate, una demostración**

aprender	reconocer	nadar
luchar	estar	tirar
preparar	rendir	escalar
conocer	endurecer	formar

II
preguntas

1. ¿Cuánto tiempo duró la preparación del GEO?
2. ¿De dónde proceden los aspirantes?
3. ¿Qué pruebas tienen que pasar antes de ser admitidos?
4. Si un español tiene 28 años y quiere ingresar en este grupo, ¿le es posible?
5. Como regla general, ¿son solteros o casados los miembros del grupo?
6. ¿Qué materias estudian?
7. ¿De qué clase de material dispone el grupo? Dé ejemplos.
8. ¿A usted le gustaría formar parte de un grupo semejante? Explique sus razones.

III
opiniones

1. ¿Cree usted que si aumenta el número de crímenes la respuesta lógica es aumentar el número de policías — y además darles mayor poder? Explique.
2. ¿Cree usted que el terrorismo no es una enfermedad sino más bien un síntoma de la enfermedad de la sociedad misma? Si es así, ¿cree usted que será necesario cambiar las estructuras de la sociedad para evitar que el terrorismo siempre reaparezca?
3. ¿Cree usted que cuando es prohibida la protesta legítima (digamos bajo el régimen de dictaduras), el terrorismo es más justificado que cuando actúa contra los gobiernos democráticos?

IV

debate

Decidimos que la siguiente proposición es verdadera (o falsa).

Que no hay disculpa para el terrorista-asesino que actúa en situaciones en las cuales la protesta o actuaciones legales son permitidas, ya que (1) tal terrorista trata a sus víctimas como objetos y no como personas, (2) sacrifica medios° aprobados por la mayoría de la raza humana a metas° deseadas por un grupo exclusivo, y (3) frecuentemente utiliza ideales políticos para disfrazar° motivos egoístas (el enriquecimiento personal) o psicóticos (el poder o la paranoia).

means
ends
disguise

La otra persona que tome parte en el debate defenderá la posición contraria. Es decir; que el terrorismo político es simplemente la actuación política de los grupos que no tienen otro medio de defender sus ideales, la única solución a una situación injusta. Todos los grandes movimientos políticos, tales como la Independencia de los Estados Unidos de Norteamérica, la Revolución Francesa, etcétera, comienzan por actos que pueden ser calificados de "ilegales". Únicamente el éxito del movimiento determinará, más tarde, que al escribir la historia de lo sucedido hablemos de "patriotas" y no de "terroristas".

7 LA EDUCACIÓN

Cuando hablamos de los problemas de la T.V. y de la amenaza° de los idiomas extranjeros, estamos en efecto tratando de problemas de la educación. Hoy día la educación tiene que enfrentarse a muchos desafíos, a los desafíos que proceden de la tecnología (la T.V., el nuevo vocabulario y las nuevas ideas impuestos por el rapidísimo desarrollo de la tecnología) y del espíritu crítico y a veces rebelde de los mismos estudiantes y profesores. La actitud de los estudiantes parece ir cambiando de una década a otra. En la década de los años del 60, los estudiantes parecían sentir muy poco respeto por las autoridades tradicionales, maestros, padres, gobierno. Durante la década de los 70, el aumento del desempleo, producto de la crisis económica mundial, parece haber influido en la actitud de los jóvenes: tienen que estudiar más y hacer menos política si quieren encontrar empleo al final de sus estudios.

En todos los países de habla española, la educación está dividida igual que en los Estados Unidos, en tres grandes sectores: la enseñanza elemental, la enseñanza secundaria o bachillerato, y la enseñanza superior, universitaria. Pero estas dos últimas divisiones no corresponden exactamente a las de los Estados Unidos: la enseñanza secundaria suele ser más prolongada en los países de habla española. Y la enseñanza universitaria es más estrictamente profesional.

Si queremos comprender estas diferencias, debemos recordar que una institución como el college norteamericano, raras veces existe en los países de habla española. Los estudios que los alumnos de un college norteamericano llevan a cabo durante los dos primeros años corresponden a los dos últimos años del bachillerato hispánico, y los dos últimos años de college se estudian en los países hispánicos al iniciar una carrera universitaria. La educación puede cambiar al mundo, al cambiar a las generaciones que representan el futuro. Pero si forma parte de las soluciones, no cabe duda de que muchos de sus aspectos son problemáticos. No hay nada relacionado con la educación que esté protegido contra los ataques desde dentro y desde fuera del mundo escolar. Todo el mundo se queja de algún aspecto de la educación. Y muchas veces las quejas son justificadas y pueden ayudar a mejorar nuestro sistema educativo.

EL ESPECTADOR SOLITARIO

EN DOS O TRES GENERACIONES MÁS, LA HUMANIDAD SERÁ MUY FELIZ GRACIAS A LA **TELEVISIÓN**.– AUNQUE HABRÁ ALGUNOS PEQUEÑOS CAMBIOS; MIRE USTED:

EL CUERPO DEL HOMBRE, ANTES FLACO...

ENGORDARÁ DE TANTO PERMANECER SENTADO.

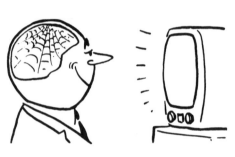

LA MENTE, ANTES TAN ACTIVA Y PREOCUPADA...

DESAPARECERÁ POR NO TENER RAZÓN DE SER.

Y COMO LOS NIÑOS NO TENDRÁN TIEMPO PARA LEER UN LIBRO...

TODOS VOLVEREMOS A LA EDAD DE PIEDRA Y SEREMOS FELICES GRACIAS A LA "T.V."

Caricatura de *El mejor de los mundos imposibles* (Abel Quezada)

La T.V. y las historietas° limitan la capacidad de pensar

comics

"Convierten a los Muchachos en Simplistas°," dice el profesor Juan J. López Ibor, presidente de la Asociación Mundial de Psiquiatría

people capable of perceiving problems only in the simplest of terms

"Los ha hecho poco reflexivos, más simplistas, y un tanto superficiales en las ideas, al limitar su capacidad de raciocinio°." Y el profesor López Ibor sigue: "Se trata de un problema muy importante. Es posible que ese fenómeno, que pone en riesgo° la pérdida parcial de la racionalización del pensamiento, se debe a que tales sistemas de difusión audiovisual llevan al individuo, desde niño, material digerido° que...inhibe° algunas de las complejas funciones mentales."

reasoning

risk

digested / inhibits

El profesor López Ibor explica que lo que pasa es parecido al caso siguiente: Si se da a un individuo siempre solamente un tipo de alimento° predigerido, al cabo de° mucho tiempo su sistema gastrointestinal pierde gran parte de sus funciones y posiblemente puede sufrir alguna atrofia funcional.

food

al... after

Dice el doctor López Ibor: "Por lo que he visto, el joven de hoy es menos reflexivo, y aunque su pensamiento es lógico... lo cierto es que es superficial. En las épocas pasadas el individuo leía muchos libros y, por tanto, su mente se ejercitaba° en la traducción de caracteres (letras) que deberían reflejarse° en imágenes° mentales. Eso obligaba a una reflexión y a un proceso de racionalización del pensamiento."

se... practiced

to be reflected / images

Refiriéndose al viejo refrán°, "la letra con sangre entra"*, el doctor López Ibor explica su interpretación personal, que es la siguiente: El apren-

proverb

---

* This, on the strictly pedagogical level, might correspond to the English "Spare the rod, spoil the child." In other words, one must suffer (bleed) to learn the alphabet and, by extension, to learn through reading.

Un niño mexicano capturado
por un ejército de televisores.

dizaje° por ese medio (la lectura°) requiere mayor esfuerzo, pero no es *learning / reading*
necesariamente un castigo°. Si no leemos, el riesgo es sumamente grande. *punishment*
En los Estados Unidos donde la televisión (y las malas costumbres de los
muchachos) está más desarrollada° que en México, la situación es todavía *developed*
más peligrosa. Él cita a un colega norteamericano que dice: "Los muchachos
se están olvidando de leer; parece que ya no saben leer."

En México, aunque todavía saben leer, actúan en forma muy super-
ficial y no ahondan° en los problemas o tardan más que los muchachos de *penetrate deeply*
antes en hacerlo. Y no es de sorprenderse ya que muchos programas de la
televisión dejan muy poco en qué pensar.

Adaptación de un artículo de *Excelsior* (ciudad de México)

EJERCICIOS

La T.V. y las historietas limitan la capacidad de pensar

I

vocabulario

Trate de escribir las palabras en letras cursivas de otra manera, empleando palabras del artículo.

1. Usted no debe *arriesgar* su felicidad.
2. Ese fenómeno *es debido a* causas desconocidas.
3. La T.V. *hace más difícil* el proceso de raciocinar.
4. *Después de* dos horas no se sabe nada.
5. El aprendizaje *a través de* la lectura no es difícil.
6. No *penetran profundamente* en el problema.
7. El profesor *cita* un viejo refrán.

II

preguntas

1. Según el profesor, ¿cuáles han sido los efectos de la televisión sobre los muchachos?
2. ¿Cuál es el riesgo más grande para el público de muchachos que miran la tele (*television*)?
3. Según el profesor, ¿cuál es la mejor manera de aprender?
4. ¿Qué quiere decir "la letra con sangre entra"?
5. Después de leer el artículo, ¿qué opina usted acerca de la calidad de los programas ofrecidos por la televisión mexicana?
6. ¿Está usted de acuerdo con los comentarios del colega norteamericano del profesor López Ibor?
7. ¿Cuál es la influencia de la televisión sobre la imaginación?

III

conversación

1. ¿Qué clase de programas de televisión ve usted?
2. ¿Cuál es su programa favorito? ¿Por qué?
3. ¿Cuántas horas diariamente ve usted la televisión?
4. ¿Cómo podríamos mejorar la calidad de la televisión?
5. ¿Cuántos libros no relacionados con sus tareas en la universidad lee usted cada año?
6. ¿Piensa usted que la televisión trae algunas ventajas? ¿Cuáles serán?
7. Aparte de la televisión, ¿puede haber otros factores que influyan en la disminuida capacidad de leer?

Acerca de unas *Raíces* profundas

Me alegra poder señalar esta vez que la televisión, aunque sea en forma esporádica e incierta, nos ofrece de cuando en cuando algún buen programa. Algún programa que nos invita a definirnos, nos relaciona con nuestro pasado y nos obliga a investigar quiénes somos, dónde estamos, a dónde vamos. Todo ello lo digo con motivo de la presentación de la mini-serie titulada *Raíces* (*Roots*). (Es el título original de este programa en la televisión norteamericana).

La diferencia con muchos otros programas importados de los Estados Unidos es que esta serie nos ofrece imágenes e ideas que evocan entre nosotros, los habitantes del Ecuador, una viva simpatía y una fuerte identificación. Los televidentes° de antepasados° africanos se sentirán especialmente fascinados por las heroicas aventuras de Kunta Kinte, el joven guerrero africano esclavizado° y luego transportado al nuevo continente, y lo verán como pariente° lejano mucho menos afortunado que nosotros. Es lástima que no hayamos sabido incorporar a un programa las aventuras de nuestros antepasados negros y después exportar el programa a los Estados Unidos. Pues el mensaje que debiéramos exportar es que la cultura africana descrita en el primer episodio sí consiguió sobrevivir en este continente después de cruzar el Atlántico, sin la fragmentación de familia y tribus que la esclavitud impuso en las colonias de origen inglés y después en los Estados Unidos de Norteamérica.

Para nosotros los afro-esmeraldeños[1], la nostalgia de nuestro origen, de nuestras raíces, es similar a la de muchos inmigrantes europeos a tierras americanas. Sabemos de dónde venimos y hemos conservado canciones y folklore del viejo país y no hemos perdido nuestro orgullo.

TV viewers / ancestors

enslaved

relative

---

[1] Los afro-esmeraldeños son los descendientes de un grupo de negros que al naufragar el barco que los llevaba en la costa del Ecuador consiguieron escapar y formar poblados independientes, en los que conservaron buena parte de la cultura y las tradiciones africanas.

El autor Alex Haley
regresó a África en
busca de sus raíces.

Para aquéllos que se perdieron algunos de los primeros episodios de la serie, señalaré ahora que la serie nos muestra el poblado° africano en que nace y crece Kunta Kinte, su captura por los mercaderes de esclavos, su sufrimiento al cruzar el Atlántico en cadenas, amontonado° con muchos otros compañeros de infortunio, en el asfixiante y maloliente° interior de un velero°, su venta a un granjero° sureño° y su orgullosa negativa a cambiar de nombre, así como sus repetidos esfuerzos por recobrar la libertad. Las pocas palabras africanas que enseñó a sus descendientes son transmitidas de generación en generación como herencia° preciosa.

village

heaped together
foul-smelling
sailboat / farmer / southern

heritage

Después de documentar las injusticias sufridas por los negros norteamericanos, la serie termina cuando la familia formada por los descendientes de Kunta Kinte, liberada por fin de la esclavitud gracias a la Guerra Civil, marcha hacia el norte, alejándose por fin de la opresión que sufrieron tanto como esclavos y también como "hombres libres". *Raíces* termina con el éxito, con la victoria. Ahora bien, ningún televidente debería olvidar que la batalla de los negros norteamericanos no ha sido ganada todavía y, sin embargo, algún éxito parcial se ha conseguido. El hecho de que *Raíces* haya sido producida en los Estados Unidos y transmitida en dicho país durante las horas de mayor público, indica que la historia del negro norteamericano está por fin llegando a las masas de dicho país. Los actores blancos y negros ofrecen magníficas actuaciones. Mi única observación negativa es que el Kunta Kinte adulto no se parece en nada al adolescente del primer episodio. ¿Puede la esclavitud cambiar tanto el aspecto físico de una persona? Pero no es ésta una observación de importancia. Algunos críticos han señalado que la investigación del autor Alex Haley no fue absolutamente científica y que su relato está más cerca de la novela que de la historia. A estos críticos les contestamos que un relato de este tipo no tiene porqué apegarse en todo a la historia. La verdad que trata de capturar es una verdad poética, y para muchos de los que hemos aplaudido el programa esto lo consigue plenamente. Lo cual es mucho más de lo que podemos decir con respecto a la inmensa mayoría de los programas que importamos de los Estados Unidos.

Enrique Guillén

Adaptación de un artículo de *El Tiempo* (Quito)

Las costumbres y las tradiciones africanas han sido conservadas por pequeños grupos cuyos antepasados fueron transportados al nuevo mundo como esclavos.

EJERCICIOS *Acerca de unas* Raíces *profundas*

I
cierto o falso

Si es falso, explique.

1. Al escritor de la reseña le ha gustado esta mini-serie.
2. El escritor califica a *Raíces* como "programa esporádico e incierto".
3. Kunta Kinte fue esclavizado cuando era viejo.
4. Kunta Kinte fue transportado al continente africano.
5. Las familias y las tribus quedaron fragmentadas en las colonias inglesas.
6. Los ecuatorianos han incorporado a un programa las aventuras de sus antepasados negros.

II
preguntas

1. ¿En qué difiere este programa, *Raíces*, de muchos otros programas televisivos importados en Ecuador de los Estados Unidos?
2. ¿Qué mensaje le gustaría transmitir al público norteamericano?
3. ¿Qué opina el escritor de los actores de esta serie?
4. ¿Cuál es la crítica negativa que hace el escritor?
5. ¿Cómo termina *Raíces*?
6. ¿A qué horas ha sido televisada esta serie en los Estados Unidos?
7. ¿Por qué dicen algunos que el relato de Haley está más cerca de una novela que de un libro de historia?

III
opiniones

1. ¿Comparte usted el enfoque crítico del autor de la reseña? Explique.
2. Si ha visto *Raíces*, ¿qué aspecto de la serie le parece ser el más importante?
3. Si hubiera de filmar de nuevo la serie, ¿cambiaría usted algún detalle? Explique por qué.
4. ¿Cuál fue el actor — o el personaje — que más le gustó? Dé sus razones.
5. ¿Por qué nos importa y nos agrada saber más acerca de nuestras raíces?

IV
temas y proyectos

1. Escriba una breve biografía de un abuelo o abuela suyo.
2. Invente un antepasado ideal (tío, tía, abuelo, abuela) y escriba una breve biografía suya o describa algún acontecimiento importante de su vida.

Si la televisión corrompe° la costumbre de leer entre los jóvenes y así su — corrupts
capacidad de expresarse correctamente, parece que la ciudad agrava esta
corrupción. Aquí un señor de provincia se queja° del mal tratamiento del — se... complains
idioma en la ciudad de Madrid.

LA CORRUPCIÓN DEL IDIOMA

El problema de emplear bien la gramática española es algo que parece
costar mucho a los castellanos, precisamente los que impusieron° su lengua — imposed
a nuestra nación. Así, los defectos están extendiéndose hasta en las esferas
más altas de la sociedad. No extraña° nada, incluso entre universitarios, — No... It is not surprising
escuchar el mal uso y abuso de los pronombres, "le, la, lo". No dan en el
blanco° ni una sola vez. Cuando es "le", dicen "la"; cuando es "lo", dicen — No... They do not hit the mark
"le"; y cuando es "la", entonces sí, dicen "la" porque en realidad emplean
el "la" hasta para decir: "¡hola!"° — hello

Los que somos de provincias y residimos° en la capital sentimos el — live
oído saltar° a cada momento. No es sólo que lo emplean mal, es que abusan — sentimos... feel our ears jump
enormemente del pronombre. Lo sueltan° a cada momento. Siempre meten — let loose
uno de sobra°. — uno... an extra one

Humildemente invito a todos a leerse una gramática española y que
dejen así de fastidiar° a la lengua, cosa que tan mal les clasifica. — undermine

Carta a *Blanco y Negro* (Madrid)

(El señor escritor de la carta a *Blanco y Negro* (Madrid) se alegrará
de saber que a partir de ahora el idioma usado en los anuncios de publicidad comercial estará oficialmente protegido.)

Este cartel español llama la atención gracias a un juego de palabras que significa "Estoy harto, no puedo más", pero también señala que los tomates de la lata han sido fritos.

España creó un Centro Español del Idioma

MADRID, 30 de julio. La constitución, con sede° en esta capital, del "Centro Español del Idioma Publicitario°" con el fin° de preservar en su pureza la lengua española, amenazada constantemente con la utilización de barbarismos de todo tipo que se introducen por canales° de propaganda y publicidad, fue anunciada hoy por un grupo de escritores y periodistas. Apoya esta iniciativa la Sociedad Española de Anunciantes°, que en varias ocasiones ha expresado su preocupación por el problema de la defensa del idioma.

 Una similar empresa° ha sido iniciada por el santanderino° Eulalio Ferrer, al frente° de una firma publicitaria, creando en México la "Academia Mexicana de Publicidad", que también tratará de defender la lengua castellana ante la invasión de anglicismos procedentes de los Estados Unidos, que amenazan a todos los países latinoamericanos.

Adaptación de un artículo de *Excelsior* (ciudad de México)

seat

*Centro... Spanish Center to
 Improve Publicity Language
 / goal*
channels

announcers

*undertaking / person from
 Santander, Spain*
al... at the head

EJERCICIOS

La corrupción del idioma
España creó un Centro Español del Idioma

I

vocabulario

Busque en los dos artículos otra manera de expresar las palabras en letras cursivas.

1. La gramática española *es muy difícil para* los castellanos.
2. No nos *sorprende* escuchar estos errores en los círculos más altos.
3. Nunca *aciertan* en el empleo de los pronombres.
4. *No emplean correctamente* los pronombres.
5. *Espero que no sigan* fastidiando al idioma.
6. *Dejan escapar* un pronombre a cada momento.
7. Ella *ha dicho* que está muy *preocupada*.

II

gramática

A

Conteste las preguntas siguientes según el ejemplo.

¿De qué se quejó él?   (el idioma)
Él se quejó del idioma.

1. ¿De qué se quejó usted?   (el problema)
2. ¿De qué me quejaba?   (la ciudad)
3. ¿De qué se quejan ustedes?   (los anunciantes)
4. ¿De qué nos quejamos ayer?   (los pronombres)
5. ¿De qué queremos quejarnos siempre?   (los verbos)
6. ¿De qué no me quejaba nunca?   (la dificultades)
7. ¿De qué te quejaste ayer?   (la pobreza)

B

Ponga el pronombre correcto en el lugar indicado.

1. María tiene grandes dificultades con el idioma. _____ cuesta mucho emplear bien los pronombres.
2. Espere _____. Ella viene en seguida. No debe usted marcharse sin hablar _____.
3. Nosotros sentimos el oído saltar a cada momento. _____ pone muy nerviosos. Ayude _____.

4. Dígale el secreto ahora. No _____ diga después.
5. Aquí _____ habla español correctamente pero no _____ habla francés.
6. No entiendo lo que quiere decir todo eso. ¿_____ entiende usted?
7. Ellos están muy preocupados. _____ de ayer _____ molesta mucho.
8. Elena, tengo mucho gusto en presentar _____ al señor Sánchez.
9. Mucho gusto en conocer _____, señora Smith.

III
cierto o falso

Si es falso, explique.

1. Los que emplean mejor la gramática española son los castellanos.
2. Se oyen errores gramaticales incluso en las esferas más altas de la sociedad.
3. Las personas que vienen de las provincias no se dan cuenta de los errores.
4. Los madrileños no emplean bastantes pronombres.
5. El "Centro Español del Idioma Publicitario" fue creado por un grupo de profesores y maestros.
6. El fin de la empresa es conseguir que los españoles usen correctamente los pronombres.
7. Los mexicanos se sienten amenazados por la invasión del idioma francés.

Los profesores

Fragmentos del libro del mismo título

por *Nicanor Parra*

Los profesores nos volvieron locos
a° preguntas que no venían al caso°   *with / no... were irrelevant*
cómo se suman números complejos
hay o no hay arañas° en la luna   *spiders*
cómo murió la familia del zar
¿Es posible cantar con la boca cerrada?

Nadie dirá que nuestros maestros
fueron unas enciclopedias rodantes°   *unas... encyclopedias on wheels*
exactamente lo contrario:
fueron unos modestos profesores primarios
o secundarios no recuerdo muy bien

    ·   ·   ·

no tenían para qué molestarse
en molestarnos de esa manera
salvo por razones inconfesables:
a qué° tanta manía pedagógica   *a... why?*
¡tanta crueldad en el vacío más negro!

    ·   ·   ·

quién iba a molestarse con esas preguntas
en el peor de los casos apenas nos hacían temblar°
únicamente un malo de la cabeza°
nosotros éramos gente de acción
a nuestros ojos el mundo se reducía
al tamaño° de una pelota de fútbol
y patearla° era nuestro delirio
nuestra razón de ser adolescentes

. . .

las preguntas de nuestros profesores
pasaban gloriosamente por nuestras orejas
como agua por espalda de pato°
sin perturbar la calma del universo:

. . .

El amable lector comprenderá
que se nos pedía más de lo justo
más de lo estrictamente necesario:

. . .

Hubiera preferido que me tragara la tierra°
a contestar esas preguntas descabelladas°.

. . .

Y mientras tanto la Primera Guerra Mundial
Y mientras tanto la Segunda Guerra Mundial
La adolescencia al fondo del patio
La juventud debajo de la mesa
La madurez° que no se conoció
la vejez con sus alas° de insecto.

tremble

*únicamente...   only a crazy man
   [would ask such questions]*

dimensions

to kick it

espalda...   back of a duck

*Hubiera...   I would rather have had
   the earth swallow me up*
absurd

maturity

wings

Hoy día los niños se acostumbran a leer los dos idiomas.

EL BILINGÜISMO

Es curioso que los angloamericanos°, que tanto sentido común y práctico han demostrado con frecuencia, no se dieran cuenta° desde el principio de que el problema de los mexicanoamericanos era muy distinto al de los inmigrantes europeos, o incluso hispanoamericanos. Por eso los esfuerzos por imponer el inglés en las escuelas, con maestros que no conocían el español y que prohibían a los niños el uso de su lengua materna, tenían necesariamente que fracasar. Pero el fracaso, además de la pérdida de tiempo y esfuerzo, complicaba el problema al obligar a los mexicanoamericanos a aislarse°, a encerrarse más y más° en sus grupos y comunidades. En el caso concreto de las presiones lingüísticas en las escuelas el resultado inmediato

English-speaking Americans
no... *did not realize*

to isolate themselves / a... *to become more and more withdrawn*

era el abandono de los estudios por los mexicanoamericanos. Y junto a ello el aumento progresivo de frustraciones y resentimientos por las dos partes.

Convencidos por fin los educadores de que la lengua era el obstáculo más importante en el proceso educativo de los hispanos, y que no se trataba de° un problema de inteligencia inferior al de sus compañeros anglos°, hace unos años se comenzó a hablar de la educación bilingüe como de una posible solución. Partiendo de la base de que el niño hispano ingresa en la escuela primaria con un conocimiento rudimentario del inglés, o hablando sólo español, se empezó a estudiar la conveniencia de impartir la enseñanza en la lengua que le fuera más familiar al estudiante, al mismo tiempo que se le enseñaba el inglés como segunda lengua.

La necesidad de nuevos enfoques° era evidente teniendo en cuenta los fracasos del pasado. El inglés resultaba una lengua extranjera para los niños mexicanoamericanos y en ella no podían expresarse con la soltura° y naturalidad que en español. Unas palabras que Reies Tijerina dirigió a una convención de abogados en New York ilustran elocuentemente el problema lingüístico: "No les hablo en inglés con mi corazón. El inglés me resulta una lengua fría. El español, para mí, es cálido°, vivo, como mi cuerpo. Hablo español con todo mi corazón, no con mi cabeza".

La nueva legislación que ha permitido a los niños hispanos hablar español en las escuelas sin temor a castigos no fue fácil de conseguir°. Después de vencer grandes obstáculos ha llegado con mucho retraso°, y los primeros pasos° han sido tímidos y plagados de problemas.

Sin embargo, recientemente ha habido notable progreso. *The 1974 Education Act* (La Ley de Educación de 1974), asigna 170 millones de dólares para iniciar seriamente la educación bilingüe en las escuelas del país; y además, 700 millones para desarrollar con eficacia, durante cinco años, un ambicioso plan. El proyecto, ya en marcha, afectará a los niños pertenecientes a los grupos del país que conocen deficientemente el inglés, pero sobre todo a los de habla española que forman la inmensa mayoría. Gracias a esta nueva legislación, los cursos de educación bilingüe se están multiplicando en todo el país, al mismo tiempo que surgen numerosos planes de estudios universitarios para la formación de maestros bilingües.

Versión condensada de *La cultura hispánica en los Estados Unidos*, de M. Peñuelas

---

Marginal glosses:

no... *it was not a matter of* / anglos = angloamericanos

approaches

ease

warm

achieve
delay
steps

EJERCICIOS   *El bilingüismo*

I
preguntas

1. El problema de la imposición del inglés en las escuelas en que estudiaban los mexicanoamericanos, ¿por qué estaba encaminado a no tener solución?
2. ¿Cuáles fueron las consecuencias de este fracaso?
3. ¿Cuáles fueron las consecuencias inmediatas y a largo plazo de estas frustraciones?
4. ¿Cuál fue la posible solución a este problema que fue presentada hace unos pocos años?
5. ¿De qué base partía el bilingüismo?
6. ¿En qué consistía este nuevo enfoque?
7. ¿Por qué cree usted que dijo Tijerina lo que dijo acerca del idioma inglés?
8. ¿A quiénes afectará la Ley de Educación de 1974?
9. ¿Qué consecuencias ha tenido ya esta ley?
10. ¿Qué otros resultados han surgido y están desarrollándose?
11. ¿Puede usted imaginar algunos problemas relacionados con la enseñanza en dos idiomas? ¿Cuáles serán?

II
cierto o falso

Si es falso, explique.

1. Los angloamericanos han demostrado con frecuencia tener sentido común y práctico.
2. Los esfuerzos por imponer el inglés en las escuelas tenían que fracasar.
3. El fracaso simplificaba el problema.
4. El resultado inmediato era el abandono de los estudios por los mexicanoamericanos.
5. Hace unos años se comenzó a descartar la educación bilingüe como una posible solución.
6. El inglés no resultaba una lengua extranjera para los niños mexicanoamericanos.
7. Últimamente ha habido notable progreso.
8. El nuevo proyecto no afectará a los niños de los grupos que conocen deficientemente el inglés.
9. Los cursos de educación bilingüe se están multiplicando.
10. No hay planes de estudios universitarios para formar maestros bilingües.

8 EL AUTOMÓVIL

Por si no tuviéramos° bastantes problemas, dicen que entre los enemigos principales del hombre moderno está el auto, el auto que proporciona aire sucio, ruido y peligro de muerte a todos. Y sin embargo, los autos son los niños mimados° de la ciudad. Les construyen carreteras°, les arreglan baches°, les dan refugio en garages enormes. No debemos olvidar que una de las más graves y urgentes crisis del mundo en que vivimos es la "crisis de energía", la escasez° de las fuentes de energía, sobre todo de productos derivados del petróleo. Y esta crisis se debe sobre todo a la proliferación de automóviles y camiones°. La escasez — y el costo cada vez mayor — del petróleo ha determinado una nueva división del mundo. No, como antes, simplemente entre países pobres y países ricos, sino, ahora, entre países que consumen petróleo y países que lo producen. En Hispanoamérica, ha dividido los intereses de los países productores (Venezuela, México, Ecuador, sobre todo) y los países consumidores (todos los demás). Sí, el automóvil es nuestro gran juguete°, nuestro niño mimado. ¿Y qué hacemos para sus víctimas, los pobres hombres que no viajan en coche°? Las páginas siguientes son...

Por... Just in case we did not have

spoiled / highways
ruts

scarcity

trucks

toy
en... by car

SÓLO PARA PEATONES°

pedestrians

EL PEATÓN OLVIDADO

EL DÍA EN QUE SE INVENTÓ EL AUTOMÓVIL, APARECIÓ EL PRIMER HOMBRE CON UN "PLAN PARA SOLUCIONAR LOS PROBLEMAS DEL TRÁNSITO".— DESDE ENTONCES HA HABIDO MILES DE PLANES SIMILARES...

tránsito traffic

TODOS CON UNA SOLA PREOCUPACIÓN: LA SEGURIDAD Y FELICIDAD DEL AUTOMOVILISTA.

EXPERTOS EN PROBLEMAS DE TRÁNSITO

LES HAN PUESTO CARTELES CON CARIÑOSOS CONSEJOS: "CUIDADO, CURVA PELIGROSA".— "PROTEJA SU VIDA, MANEJE DESPACIO".— "SI MANEJA NO BEBA Y SI BEBE NO MANEJE"— Y OTROS NO MENOS DELICADOS Y PRUDENTES DESTINADOS A PROTEGER SUS VIDAS...

carteles signs
  cariñosos consejos
    affectionate advice
maneje drive

SÓLO POR ESTO, LOS AUTOMOVILISTAS PODRÍAN VIVIR FELICES; SI SE ESTRELLAN ES POR NO HACER CASO A SUS PROTECTORES.

alto stop

se estrellan crack up

hacer caso to pay attention

EN CAMBIO, EL **PEATÓN** FUE INVENTADO MUCHO ANTES QUE EL AUTOMÓVIL Y HASTA EL PRESENTE NO HA SURGIDO ALGUIEN CON UN PROYECTO PARA SOLUCIONAR SUS PROBLEMAS.— ¡INJUSTICIA!

surgido appeared

proyecto plan

EL PEATÓN VOLUNTARIO

AUNQUE USTED NO LO CREA, HAY CASOS DE PEATONES VOLUNTARIOS. SON GENTE QUE EN ALGÚN MOMENTO DE SU VIDA PERDIÓ LA FE EN EL AUTOMÓVIL, EL TAXI, EL TRANVÍA Y OTROS VEHÍCULOS...

SE SABE DE UN SEÑOR QUE VIVÍA EN LOS SUBURBIOS Y PASABA TRES HORAS DIARIAS AL VOLANTE DE SU AUTOMÓVIL PARA IR A LA OFICINA...

78 LUCES ROJAS
500 LOCOS QUE MANEJAN
92 POLICÍAS
ETC...

volante *steering wheel*

UN DÍA SE SINTIÓ INTOXICADO DE CALLES, CRUCEROS, ALTOS Y LEYES DE TRÁNSITO Y NO LO DUDÓ: VENDIÓ CASA Y AUTOMÓVIL Y SE TRAJO A SU FAMILIA A VIVIR EN LA OFICINA.

cruceros *crossroads*
leyes de tránsito *traffic laws*

AHORA AFRONTA LAS MANCHAS DE AMARGO BARRO QUE LOS COCHES ARROJAN AL PASAR: ES PEATÓN VOLUNTARIO.

afronta *confronts*
amargo *bitter*
barro *mud*
arrojan *throw off*

Y NO USA PARA VIAJAR OTRA COSA QUE LOS DOS PIES. VIVE FELIZ Y SOLAMENTE DE VEZ EN CUANDO LO VISITA UN PSIQUIATRA QUIEN LO CONSIDERA COMO SU CASO MÁS EXTRAÑO E INEXPLICABLE.

EL PEATÓN INMORTAL

PERO HAY TAMBIÉN PEATONES ILUSTRES: **NELSON CUSTER** ES UNO DE LOS MÁS NOTABLES.—SU VIDA ENTERA LA HA DEDICADO AL PEATONISMO Y SU ODIO AL AUTOMÓVIL ES TANTO, QUE DEJARÁ HUELLAS EN LA HISTORIA.

peatonismo	*pedestrianism*
odio	*hatred*
huellas	*footprints*

DE ACUERDO CON SUS CONVICCIONES, JAMÁS OBEDECIÓ UNA SEÑAL DE TRÁNSITO —Y LA EXPLICACIÓN QUE DA A SU ACTITUD ES MUY LÓGICA:

TODAS LAS SEÑALES DE TRÁNSITO FAVORECEN AL ENEMIGO: EL AUTOMOVILISTA...

de acuerdo con	*in line with*
jamás	*never*
obedeció	*obeyed*
señal	*sign*

"CLOSE-UP" QUE MUESTRA CICATRICES DE LA VIDA EN LA CARA DE ESTE GENIO.

cicatrices *scars*

CON ESTA TEORÍA, CUSTER ANDUVO POR LAS CALLES ABANDERANDO LA CAUSA DEL PEATÓN DURANTE LARGOS AÑOS, PERO EL PRECIO QUE PAGÓ HA SIDO CARO: PRIMERO PERDIÓ UNA PIERNA... DESPUÉS OTRA...

anduvo	*walked*
abanderando	*propounding*

BUSCO EMPLEO DE PISAPAPELES.

pisapapeles *paperweight*

Y ASÍ FUE PERDIENDO TODAS SUS EXTREMIDADES EN SU FIERO DESAFÍO A LOS COCHES.—AHORA CUSTER NO ES UN PEATÓN, SINO **MEDIO** PEATÓN.

fiero	*brave*
desafío	*challenge*

CUANDO SUS ADMIRADORES LE OFRECIERON UN CARRITO PARA QUE SE MOVIERA DE UN LUGAR A OTRO, ÉL LO RECHAZÓ, PUES TODO LO QUE TIENE RUEDAS VA CONTRA SUS PRINCIPIOS; HOY VIVE CÓMODAMENTE EN UN FLORERO.

rechazó	*rejected*
ruedas	*wheels*
florero	*vase*

UN PEATÓN EN PARÍS

EN PARÍS, COMO EN TODO EL MUNDO, HAY DOS CLASES SOCIALES: AUTOMOVILISTAS Y PEATONES.—LOS PRIMEROS LO TIENEN TODO Y LOS SEGUNDOS CARECEN DE LO MÁS INDISPENSABLE.

carecen de *lack*

CUENTA LA LEYENDA QUE UN PEATÓN QUISO DESAFIAR AL DESTINO CRUZANDO A PIE LA PLAZA DE LA CONCORDIA...

leyenda *legend*

desafiar *to challenge*

RUTA QUE SE PROPONÍA SEGUIR EL AUDAZ AVENTURERO.

se proponía *planned*
audaz *audacious*
a medias *halfway*
atropellaron *ran over*

TRIUNFÓ A MEDIAS EN SU INTENTO, PUES AUNQUE LO ATROPELLARON CINCO AUTOMÓVILES, UNO DE ELLOS LO LANZÓ CON TAL FUERZA QUE FUE A CAER SOBRE UNA ESTATUA.—ALLÍ ESPERÓ A QUE SANARAN SUS HERIDAS — COSA DE UNOS CUANTOS MESES...

lanzó *threw*

sanaran *healed*
heridas *wounds*
cosa... meses *a matter of some few months*

PERO LE FALTÓ VALOR PARA REANUDAR LA MARCHA; SIGUE VIVIENDO EN ESAS ALTURAS DE LO QUE LE ARROJAN LOS AUTOMOVILISTAS...

reanudar *renew*

arrojan *toss*

Y NO SE QUEJA: VIVE RETIRADO DEL MUNDO COMO UN ANACORETA Y DISFRUTA DE UN MAGNÍFICO SITIO PARA VER LOS DESFILES.

no se queja *he does not complain*
anacoreta *hermit*
disfruta de *enjoys*
desfiles *parades*

EL BASTÓN SALTA-CALLES

bastón salta-calles *stick for hurdling streets*

PARA TERMINAR DAREMOS LA ÚNICA SOLUCIÓN POSIBLE AL PROBLEMA DEL PEATÓN: "EL BASTÓN SALTA-CALLES".-ÉSTE ES UN APARATO MUY SENCILLO QUE CADA PERSONA PUEDE LLEVAR COMO UN PARAGUAS.

paraguas *umbrella*

EL PELIGRO CONSISTE EN ROMPERSE UN HUESO AL CAER, PERO ESO ES PREFERIBLE A QUE UN AUTOMÓVIL SE LOS ROMPA TODOS.

romperse *to break*

EL SALTA-CALLES TIENE EL INCONVENIENTE DE EXPONERLO A UNO AL RIDÍCULO, PERO SI LO QUE EL PEATÓN QUIERE ES CRUZAR LA CALLE CON DIGNIDAD, A LO QUE SE EXPONE ES A UNA MUERTE SEGURA.

HE AQUÍ EL DISEÑO DEL BASTÓN SALTA-CALLES.

CABEZA DE PERRO COMO ADORNO.

HULE SÓLIDO.

RESORTES.

diseño *design*

hule *rubber*

resortes *springs*

POR MEDIO DE ESTAS LÍNEAS OFRECEMOS LA PATENTE DE ESTE INVENTO A CUALQUIERA QUE DESEE FABRICARLO; NO PEDIMOS NADA.-NUESTRA SATISFACCIÓN SERÁ SALVAR MÁS GENTES QUE PASTEUR.

Caricaturas de *El mejor de los mundos imposibles* (Abel Quezada)

EJERCICIOS   *Sólo para peatones*

I
vocabulario

Emplee la palabra o palabras precisas para completar la frase.

1. El movimiento de muchos coches por calles estrechas crea el problema del _____.
2. La persona que maneja un automóvil es un _____.
3. La persona que no maneja sino camina es un _____.
4. Si usted bebe no debe _____.
5. Usted debe pararse cuando ve un cartel que dice _____.
6. Cambiamos la dirección de nuestro coche empleando el _____.
7. Decimos de una persona famosa que él o ella _____ _____ _____
   en la historia.   (verbo)
8. Las luces rojas y verdes son _____ de tránsito.
9. Una herida del cuerpo a veces deja una _____.
10. Si usted no acepta algo, lo que usted hace es _____ lo.
                                                  (verbo)
11. Un coche, un tranvía, un camión, cualquier vehículo, se mueve generalmente
    sobre _____.
12. Colocamos flores en un _____.
13. Cuando le falta todo a una persona se dice que él _____ de lo más
    indispensable.   (verbo)
14. Cuando llueve llevamos un _____.

II
gramática

A
Emplee el modismo **hacer caso** (con el objeto indirecto si es necesario).

> Si se estrellan, es por no **hacer caso** a sus protectores.
> Ayer me hablaste mucho de los peligros, pero yo no **te hice caso.**

1. Siempre nos advertían contra las drogas pero nosotros no _____.
2. Cuando te hablo, por favor, _____.
3. Sé que ellos van a reñirme pero yo no _____.
4. Les dijimos la verdad pero ellos no _____.
5. Le dije que su vida estaba en peligro pero ella no _____.

B

Conteste las preguntas siguientes empleando el verbo **utilizar** (*to make use of*).

¿Aprovecha usted sus vacaciones?   **Sí, las utilizo para descansar.**

1. ¿Aprovechan ustedes el nuevo coche?   (para ir a todas partes)
2. ¿Aprovechabas tú el tiempo libre?   (para escribir muchas cartas)
3. ¿Aprovecharon ellos su nueva riqueza?   (para comprar una casa nueva)
4. ¿Aprovechamos el período de la siesta?   (para ir a casa)

C

El modismo **pasarlo bien** quiere decir *to have a good time*. Conteste las preguntas siguientes según el ejemplo.

¿Disfrutaste de la fiesta?   **Sí, lo pasé muy bien en la fiesta.**

1. ¿Disfruta usted mucho de la excursión?
2. ¿Disfrutaste mucho anoche?
3. ¿Disfrutaron ustedes de sus vacaciones?
4. ¿Disfrutamos en los desfiles?

III

preguntas

1. ¿Cuál es el objeto o preocupación de los planes para solucionar los problemas del tránsito?
2. Si un automóvil se estrella, ¿quién tiene la culpa?
3. En términos históricos, ¿quién viene primero, el automovilista o el peatón?
4. ¿Qué hizo el señor que pasaba tres horas diarias para ir a la oficina?
5. ¿Por qué dejará huellas en la historia el señor Nelson Custer?
6. ¿Qué precio pagó el señor Custer abanderando su causa?
7. Según el autor, hay dos clases sociales en todo el mundo. ¿Cuáles son?
8. ¿Por qué es peligroso cruzar la Plaza de la Concordia?
9. ¿Qué le pasó al peatón que intentó cruzarla?
10. ¿Qué ha inventado el autor para ayudar al pobre peatón a cruzar las calles?
11. ¿Qué es lo que pide por su patente?

IV

conversación

1. ¿Conduce usted un coche?
2. ¿Obedece usted las señales de tránsito? ¿Siempre?
3. ¿A cuántas millas por hora viaja usted generalmente (en la ciudad, en la carretera)?
4. ¿Qué clase de coche prefiere usted? ¿Por qué?
5. ¿Cree usted que debemos prohibir los coches? Explique.
6. ¿Puede usted explicar algunas soluciones que se han propuesto para (1) reducir el número de coches en la ciudad, (2) hacerlos menos peligrosos?

SÓLO PARA NO PEATONES

Pero dejemos ya las desventajas° de ser peatón. Debe haber alguna des-   *disadvantages*
ventaja en el hecho de ser automovilista. Según el periodista y escritor
mexicano Jorge Ibargüengoitia, los automovilistas pierden en su prisa el
sabor° de la ciudad. En su artículo, "Sólo para no peatones", les habla a   *flavor*

Los automovilistas pierden
el sabor de la ciudad.

estos privilegiados de la institución de los charcos° en México. Estos lagos de varias dimensiones en las calles de México eran tan bien conocidos que servían de puntos de referencia.

Por ejemplo, él cita un libro que dice: "Impreso en tal y tal° y de venta en la librería de la viuda de Godínez, que está en el Portal Mayor, entre la panadería° y el charco". También los charcos servían para hacer navegar barquitos de papel, para remojarse° los pies y de criadero° de moscas°.

No es que los charcos hayan desaparecido. Sólo han pasado de moda porque los grandes cerebros° de nuestro tiempo viajan en coches y sus portadores nunca se mojan los pies. En verdad los charcos se han multiplicado, algunas veces debido a causas naturales. Otras veces por el afán° de limpieza de los propietarios de taquerías°, etc. Riegan° generosamente la taquería, espolvorean° detergente y barren todo el líquido obtenido (que no tiene nombre científico) hacia la calle donde forma nuevos charcos.

Otra institución mexicana que no agrada a los automovilistas son las banquetas°. Los mexicanos antes querían tanto a sus banquetas que cuando iban a vivir en Los Ángeles cantaban una canción que empezaba: "Banquetas de mi tierra..." Pero las banquetas también han cambiado. Originalmente construidas para el tránsito de los peatones, ahora sirven para muchas otras cosas. Algunas sirven para estacionar coches. Otras para poner puestos° de periódicos o de jugos de naranja°. Otras sirven para poner postes del teléfono, de la electricidad y postes que soportan los cables del trolebús. También sirven para que los que están esperando un autobús estorben° a los que van pasando.

Y así el periodista sigue mencionando docenas de adaptaciones modernas de las banquetas que los pobres automovilistas ignoran. Pasan por el mundo tan a prisa que no se dan cuenta de todas estas novedades. ¡Qué lástima!

Adaptación de un artículo de Excelsior (ciudad de México)

Glossary (margin):
- *puddles*
- Impreso... *Printed in such and such place*
- *bakery*
- *to soak* / *breeding ground* / *flies*
- *brains*
- *zeal*
- *taco stands* / *They water*
- *scatter*
- *sidewalks (Mex.)*
- *stands* / jugos... *orange juice*
- *obstruct*

EJERCICIOS

Sólo para no peatones

I

vocabulario

Encuentre la palabra que forme rima (*rhyme*).

1. Una fruta tiene color y también buen _____.
2. Bajo los arcos hay muchos _____.
3. No hay ninguna duda, la señora Godínez es _____.
4. La empleada niega que es ella quien _____.
5. La tía se fue a misa (*mass*) con muchísima _____.

II

gramática

A

Cambie cuando sea necesario.

Él se moja los pies.

1. Yo _____.
2. Nosotros _____.
3. ___ lavan _____.
4. ___ laváis las manos.
5. Tú _____.
6. _____ secó el pelo.
7. Nosotros _____.

B

Escoja entre los dos modismos **pasar de moda** (*to go out of fashion*) y **estar de moda** (*to be in fashion*) para contestar las preguntas siguientes.

¿Las faldas cortas?
Sí, están de moda *o* **No, pasaron de moda.**

1. ¿Las canciones populares?
2. ¿Las drogas peligrosas?
3. ¿El pelo largo?
4. ¿Los pantalones vaqueros (*blue jeans*)?
5. ¿Las pelucas?
6. ¿Las motocicletas?
7. ¿Las corbatas delgadas?
8. ¿El caminar con los pies desnudos?

III
preguntas

1. ¿Hasta qué punto eran conocidos los charcos en México?
2. ¿Para qué servían los charcos?
3. ¿Por qué han pasado de moda los charcos?
4. ¿Por qué se han multiplicado?
5. ¿Cómo sabemos que los mexicanos querían a sus banquetas?
6. ¿Para qué sirven las banquetas ahora?

IV
cierto o falso

Comente acerca de cada frase. Emplee su imaginación o su lógica.

1. El autor sabe mucho de la historia de México.
2. El autor ha caminado sin zapatos.
3. A los niños no les gustan los charcos.
4. Los propietarios de taquerías son sucios.
5. Las banquetas todavía son muy útiles.
6. Los propietarios de coches merecen nuestra compasión.

V
temas

Desarrolle en forma oral o escrita.

1. El coche nos hace indiferentes a la vida de los pobres.
2. Hay que caminar mucho para la salud del cuerpo y del espíritu.

VI
imaginación

Imagine usted una conversación entre usted y un policía mexicano que empieza:

Policía: "¿Dónde está su permiso de conducir, por favor?"

Y aquí hay un peligro relacionado con los coches en que no habíamos pensado. La carta siguiente apareció en la revista española Blanco y Negro.

EL COCHE Y LA MORALIDAD SEXUAL

Señor Director:

Parece ser que algunos agentes municipales de Madrid sancionan° a los propietarios de aquellos coches que, no teniendo materialmente donde aparcarlos°, lo hacen en las curvas o las cruces de calles, sin estorbar, por ello, el tránsito. A mí esta medida° no me parece tan mal como la actuación de la grúa°.

Pero mejor me parecería que al mismo tiempo aquellos agentes se dieran también una vueltecita°, ya anochecido°, por la calle de Camoens. ¡Que averigüen° qué hace tanto coche parado° en dicho paseo en los dos lados de la calle! Cualquiera que pase por allí podrá ver fácilmente que dentro de cada vehículo y en actitud nada correcta hay dos personas de distinto sexo, quizás hijos e hijas de familias honorables, que muestran una total falta de vergüenza°.

¿Es posible que algunos padres estén tan tranquilos? Bueno sería que, comprobando el hecho°, se publicara en la prensa los nombres de esta nueva clase de infractores° —como se hace con otros delincuentes— diciendo, en este caso, que habían sido sancionados por una conducta reprochable e indecorosa°.

Quizás entonces aquellos padres caerían en la cuenta° de la libertad y de la falta de vigilancia en que hoy crece la juventud.

Pero de cualquier manera el espectáculo aquí denunciado —nada edificante— debe ser evitado a toda costa.

Carta a *Blanco y Negro* (Madrid)

penalize

to park them

measure

tow truck

se... take a little walk / nightfall
Que... Let them find out / qué... what so many parked cars are doing

shame

fact

lawbreakers

unbecoming

caerían... would catch on to the meaning

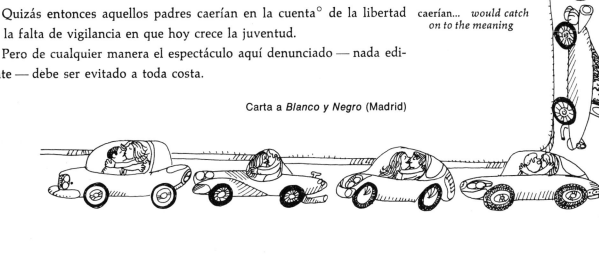

EJERCICIOS

El coche y la moralidad sexual

gramática

A

Emplee el infinitivo en la columna izquierda en forma de mandato con todos los predicados complementarios de la columna derecha.

Averiguar (plural)　　la verdad
　　　　　　　　　　lo esencial

Que averigüen la verdad; que averigüen lo esencial, etc.

1. averiguar (plural—que ellos)　　la verdad
2. decir (singular—que él)　　　　lo esencial
3. olvidar (plural)　　　　　　　cómo vivir
4. recordar (singular)　　　　　　la historia
5. escuchar (plural)　　　　　　　cómo rezar
6. repetir (singular)　　　　　　　los hechos importantes

B

Sustituya los verbos en las frases siguientes por el modismo **caer en la cuenta (de)** en su forma adecuada.

Ayer me enteré de la historia.
Ayer caí en la cuenta de la historia.

1. Ahora, sí entiendo.
2. Nunca se enteraron de la burla.
3. Él no se dio cuenta de su pobreza.
4. El año pasado nos enteramos de todo eso.
5. ¿Te diste cuenta de lo que dijo él?
6. Entonces se dieron cuenta de su vergüenza.

PÁNICO EN LAS CALLES

Al principio° fue el escepticismo, siguió la preocupación° y luego se convirtió en pánico. Cuando el sindicato° anunció que el 21 de octubre comenzaría una huelga° indefinida de trabajadores de gasolineras y estaciones de servicio en apoyo a sus reivindicaciones salariales°, la noticia fue recibida con escepticismo...

Al... *At first* / *worry*

union

strike

sus... *their demands for better salaries*

"Chico, estoy agotado°, pero lo he conseguido"°. Con una sonrisa ancha, el joven ejecutivo contaba su hazaña° en la barra de un "pub" de la sofisticada calle barcelonesa de Tuset. "He conseguido llenar todo el depósito°. Han sido cinco horas de cola°, pero ha valido la pena"°. Suspiros de envidia, o de admiración, que no llegaban a romper el silencio, coronaron la minuciosa descripción del joven "manager".

exhausted / lo... *I did get it*

feat

tank

waiting in line / ha... *it was worth it*

La gente se organizó lo mejor que pudo...

"La gasolina es demasiado importante. El Gobierno intervendrá. Ya verás como la huelga no se llevará a cabo°. No podemos vivir sin gasolina". Cuando se vio que la huelga iba en serio cundió la alarma°, la desesperación. Cientos, miles de automovilistas se agolparon° frente a las gasolineras en una larga noche de espera hasta las seis de la mañana del viernes, hora en que comenzaba oficialmente la huelga, con la esperanza de "no ser el último". Se trataba, a toda costa, de conseguir carburante°.

no... will not take place
cundió... panic spread
crowded around

gasoline

"Llevo aquí desde° las siete de la mañana. Ya me toca"°. Eran las dos y media de la tarde y, efectivamente, el caballero — traje azul, de buen corte, corbata, sólo unas pequeñas manchitas de sudor° en el cuello de la camisa — estaba únicamente a dos automóviles de distancia del surtidor°. ¿Pero usted no trabaja? "Tengo una empresa. De vez en cuando llamo a la oficina para saber si hay algún asunto urgente. Mi hijo ha venido esta mañana a relevarme durante un par de horas para que pudiera ir al Banco y mi secretaria me ha traído una carta para firmar". Pero no todos los empresarios son tan progresistas. Directivos y ejecutivos de grandes empresas, Bancos y compañías de seguros, no tuvieron ningún recato° en enviar a las colas a porteros, ordenanzas, chóferes, algunos de ellos con flamantes° uniformes. "Francamente, a mí tanto me da° esperarme aquí como hacer recaditos° en la oficina. Si quiere que le diga la verdad, aquí estoy más tranquilo. Leo el periódico, escucho la radio y de vez en cuando le doy al acelerador° y avanzo un par de palmos"°.

Llevo... I've been here since / Ya... It's my turn now

manchitas... sweat stains
pump

scruple
brand-new
a mí... it is all the same to me
hacer... to run little errands
le... I hit the gas pedal / un... a couple of feet (lit., 16 inches)

Las colas llegaban en ocasiones a dos o tres manzanas° de distancia de donde se encontraba el poste°. Hijos, padres, esposas, parientes, vecinos, amigos, se ayudaban mutuamente en este turno de vela°.

blocks
(here) pump
watch

En las densas colas de automóviles, la gente se organizó lo mejor que pudo para pasar las cinco, seis, siete u ocho horas que le quedaban por delante: revistas, libros — pocos, por desgracia —, pasatiempos, radio, transistores, formaron el repertorio habitual del automovilista esperante, que llegó a comer y dormir dentro de la máquina. El terror ante la inminencia de un puente° sin gasolina se disipó cuando el jueves día 27 los trabajadores volvían a sus puestos; las caras largas dieron paso° a las sonrisas de satisfacción. Las calles de Barcelona — tan tranquilas durante esos días — volvieron a poblarse de una tonificante atmósfera de irrespirable polución, descendió el pasaje° en metros°, autobuses y taxis. Cada cual en

long weekend
dieron... gave way

number of passengers / subway lines

su coche, encerrados en su caparazón°, acariciando el volante con fruición°, dándole suavemente al embrague°, dominando con maestría el juego siempre complicado de freno° y acelerador°. "Oiga, es que la gente está loca. Se quiere al coche más que a su mujer y a sus hijos; lo cuidan, lo miman, le pasan el trapo° una y otra vez. Si pudieran, le hablarían, se acostarían con él"°, me decía uno de esos viejos de barrio que tienen todas las horas del mundo para observar el comportamiento de los demás. "El pueblo está aburguesado"°, afirman los chicos de la CNT°, y mientras escribo esto, en las salidas de Barcelona comienzan ya los atascos° del éxodo del largo fin de semana.

shell / *acariciando... hugging the steering wheel with pleasure clutch*

brake / *gas pedal*

le... they polish it with a cloth

se... they would go to bed with it

El... People have become bourgeois / *Confederación Nacional de Trabajadores, a union*

traffic jams

Artículo de *Cuadernos para el Diálogo* (Madrid)

Muchos miles de personas huyen de la ciudad cada fin de semana.

EJERCICIOS

Pánico en las calles

I
vocabulario

Exprese la misma idea, utilizando los siguientes modismos: **dar paso, valer la pena, llevarse a cabo, llevar (tiempo), dar lo mismo.**

1. *Me es igual* hacer cola aquí o allá.
2. Dudo que la huelga *se efectúe.*
3. Las sonrisas *se cambiaron en* caras largas.
4. Hace tres horas que *esperamos* aquí.
5. *No nos compensa* esperar tanto tiempo.

II
cierto o falso

Si es falso, explique.

1. El acelerador es la parte del coche que lo hace parar.
2. Sin el volante el coche no puede moverse.
3. Una manzana en este artículo es una fruta.
4. Un puente en este artículo es una medida de tiempo.
5. Sólo los animales hacen cola.

III
preguntas

1. ¿Por qué hay pánico en las calles de Barcelona?
2. ¿Por qué valía la pena para los barceloneses hacer cinco horas de cola?
3. ¿Qué clase de personas hacía cola? (¿gente rica, pobre?)
4. ¿Cómo pasaron el tiempo mientras esperaban?
5. ¿Qué cambios produjo la huelga en la ciudad?

IV
opiniones

1. ¿Cree usted que la angustia de la gente, al no poder conseguir carburante, es igual en todas partes del mundo?
2. ¿Reaccionan igual los ciudadanos de Los Ángeles y Barcelona?
3. ¿Puede usted prever algunas ventajas relacionadas con la escasez de petróleo?
4. ¿Comparte usted la opinión que los hombres quieren más a sus coches que a sus mujeres?
5. ¿Tiene usted algunas sugerencias acerca de cómo podemos resolver el creciente problema de la falta de petróleo?

9 LA SOLEDAD

Olvidémonos por el momento del auto. (También disfrutamos de él. Y hay que recordar que las fábricas de coches dan empleo a muchos obreros. Quizás un día la ciencia sabrá evitar los efectos perjudiciales° del coche o la falta de gasolina acabará con él.) Incluso sin tomar en cuenta el coche, la ciudad ofrece otros graves problemas para todos los que vivimos en ella. Es tan grande que nos perdemos. No conocemos a nadie. Siempre rodeados° por tantas personas desconocidas, sentimos la soledad.

Y cuando surgen problemas personales, muy personales, nos parece que no hay nadie a quien pedir ayuda, nadie que quiera escuchar nuestras penas°; nadie que sea capaz de entenderlas. Por eso tratamos de desahogarnos° a través de profesionales: los psiquiatras. Y para muchos jóvenes que no pueden permitirse el lujo° de los psiquiatras, hay periodistas especializados en dar consejos íntimos.

harmful

surrounded

troubles

to unburden ourselves

luxury

Sigo queriéndole

Estimada doña Teresa,

En usted por primera vez encuentro a una amiga que puede solucionar mi problema.

Tengo diecinueve años, soy una joven alegre. Hace nueve meses conocí a un joven de mi edad y desde que nos vimos nos quisimos mucho. Más tarde nos hicimos novios°. Él iba a mi casa, todo marchaba bien.

nos... we became involved

Pero ahora me doy cuenta° de que él salía también con una amiga mía y todo ha cambiado entre nosotros. Lo he llamado para que me explique si es cierto que tiene otra novia, pero me dice que no es verdad, que todo lo han dicho para que yo termine con él.

me... I realize

Referente a esto, mis padres resolvieron mandarme a otra ciudad con el fin de que lo olvidara, pero me es imposible porque a pesar de lo que ha hecho sigo queriéndolo. (Yo le escribí una carta y ni siquiera me la contestó. Cuando regresé no estaba y supe que había viajado.)

¿Vuelvo a escribirle para ver en qué quedamos°, o espero que lo haga él? Aconséjeme, señora Teresa, pues estoy desesperada.

en... how matters stand

Reciba un saludo de su nueva hija.

Isabel

Hijita,

Espera que él tome la iniciativa en hacer contacto contigo. El hecho de que anduviera con una amiga tuya, que no haya contestado la carta, y que se haya marchado sin escribirte, quiere decir que está tratando de hacerse el difícil° o de darte a entender que ya no te quiere.

hacerse... to play hard to get

En estos casos, es rara la vez que las mujeres debemos tomar la iniciativa. El hombre es cazador por instinto, pierde interés en la conquista fácil y no le gusta sentirse asediado°.

besieged

Hazte la desinteresada° y mientras tanto trata de cultivar nuevas amistades para distraerte.

Hazte... Pretend indifference

Recibe un abrazo° cariñoso,

Teresa

hug

Sección de *Tú y Yo* (Medellín, Colombia)

EJERCICIOS *Sigo queriéndole*

I

gramática

A

Complete cada frase haciendo las sustituciones indicadas.

Desde que nos vimos nos quisimos mucho.

1. _____ (encontrar) _____.
2. _____ yo le (ver) le _____.
3. _____ él me (ver) _____.
4. _____ tú me (ver) _____.
5. _____ usted me (conocer) _____.
6. _____ yo te (conocer) _____.
7. _____ nosotros te (conocer) _____.

B

Haga las sustituciones necesarias al completar las frases siguientes.

Todo me lo han dicho para que yo termine con él.

1. ___ te _____ tú _____.
2. ___ se _____ ella _____.
3. ___ nos _____ con el fin de que _____.
4. ___ se _____ a ustedes _____.
5. ___ me _____ yo (reñir, *quarrel*) ___.
6. ___ te _____ tú (reñir) _____.
7. ___ nos _____ nosotros (reñir) _____.

C

Conteste empleando el verbo **quedar en** (*to agree*).

¿Estaban ustedes de acuerdo?
Sí, en eso quedamos (*we agreed on that*).

1. ¿Estamos de acuerdo?
2. ¿Estaban ellas de acuerdo sobre esta cita?
3. ¿Estaban ustedes de acuerdo en la fecha?
4. ¿Se han puesto ustedes de acuerdo acerca de este viaje?
5. ¿Están los vecinos de acuerdo en pagar el agua?

D

Sustituya en las frases siguientes según el modelo.

$$\text{hacerse} \begin{cases} \text{el desinteresado} \\ \text{la desinteresada} \end{cases} o \begin{cases} \text{el difícil} \\ \text{la difícil} \end{cases}$$

Él está tratando de *hacerse el difícil. Hazte la desinteresada.*

1. Si él trata de _____ tú debes _____.
2. Si Juanita se _____ Juan _____.
3. Cuando Pepe _____ Pepita _____.
4. Ayer ella _____ y él _____.
5. Pronto Isabel _____ y Manuel _____.
6. ¡Ojalá que Isabel _____ y Manuel _____!
7. No creo que Isabel _____ ni que Manuel _____.

II

preguntas

1. ¿Por qué le escribe Isabel a doña Teresa?
2. ¿Desde cuándo se han querido Isabel y su amigo?
3. Ahora, ¿de qué se da cuenta Isabel?
4. ¿Qué explicación le da su novio?
5. ¿Por qué la mandan los padres de Isabel a otra ciudad?
6. ¿Por qué no puede ella olvidarlo?
7. ¿Qué es lo que ella le pregunta a doña Teresa?
8. ¿Cuál es la respuesta de doña Teresa?
9. ¿Cómo califica doña Teresa a los hombres?
10. ¿Qué consejo le da a Isabel doña Teresa?

III

opiniones

1. ¿Cree usted que doña Teresa tiene razón?
2. ¿Qué consejo le daría usted a Isabel?
3. ¿De qué manera, cree usted, terminará esta historia de amor?
4. ¿Vale la pena, a veces, hacerse el difícil?

¿DESEA USTED CONTRAER MATRIMONIO?

Miles de hombres y mujeres de todo el mundo se han encontrado y han contraído matrimonio gracias a los servicios de ICROM (Institución Científica de Relación y Orientación Prematrimonial).

El fin de esta Institución es el de relacionar a hombres y mujeres para que, según sus características personales, puedan llegar a constituir una pareja realmente adecuada, utilizando para ello los más modernos métodos científicos: test de personalidad, grafología analítica, etcétera.

Los resultados obtenidos en los ultimos 5 años, reflejados en acta notarial, demuestran la eficacia de ICROM

D. ....
Calle ....
Localidad ....
Provincia ....

Solicite informacion sin compromiso a

ICROM

Dr. Fleming, 32, o al Apartado de Correos 36.019 - Madrid-16

Envios sin nunguna indicación exterior.
Discreción y reserva garantizadas.

fin *goal*

pareja *couple*

acta notarial *affidavit*

sin ninguna indicación exterior
in a plain envelope

Anuncio de *ABC* (Madrid)

Los periódicos también pueden ayudarnos a encontrar amigos y quizás novios.

ESCRIBEN LOS JÓVENES

GUINEANO FUNCIONARIO DEL AIRE°

"Soy un chico de color, natural° de la República de Guinea Ecuatorial, funcionario del Ministerio del Aire. Me gustaría tener relaciones con chicas españolas de dieciocho a veintidós años, a ser posible que vivan en Madrid. Donato." (J-01.720.)

Funcionario... *air force official*
native

ESPAÑOL TRABAJADOR EN ALEMANIA

"Tengo veintitrés años, moreno°. Me gustaría mantener correspondencia con chicas de veintidós a veintitrés años, de cualquier parte de España. Yo soy de Sevilla. José A." (J-01.721.)

swarthy

INTERCAMBIO DE CORRESPONDENCIA, SELLOS Y POSTALES°

"Tengo veintisiete años y el deseo de escribirme con chicas de mi edad, de cualquier parte del mundo, pues puedo contestar en español, inglés, francés, portugués e italiano, para intercambiar sellos y postales. Agradecería° foto de la interesada. Luis Fernández Lavi. P.O. Sunshine (Vic.) Box 133, Melbourne (Australia)." (J-01.722.)

Intercambio... *exchange of letters, postage stamps, and cards*

I would be grateful for

JOVEN INTERNADO EN UN SANATORIO DE RECUPERACIÓN

"Soy un joven de dieciocho años, que me encuentro en un sanatorio en plan de° recuperación. Desearía mantener correspondencia con chicas de quince a veinte años, ya que estoy muy aburrido° y solo. Prometo una sincera y leal amistad. Miguel." (J-01.723.)

en... *aiming toward*
bored

JOVEN DE TREINTA AÑOS CON FINES SERIOS, A CORTO PLAZO°

"Soy alto y delgado, muy humano y medio culto°. Tengo treinta años y una colocación estable°. Deseo ponerme en contacto con señoritas de veinticinco años, más o menos, que sean humanas, simpáticas y muy hogareñas°, que residan en Madrid, para cultivar amistad con fines serios a corto plazo. José Luis." (J-01.724.)

Con... *with serious intentions within a brief time*
medio... *with an average education*
colocación... *permanent job*

homebodies

Adaptación de un anuncio de *Pueblo* (Madrid)

BUSCANDO UN CORAZÓN

Quiero crear amistad° con los lectores de esta sección. Soy bastante seria, sincera y con personalidad bien formada. Estudio cuarto de bachillerato, estoy por cumplir° 17 años, delgada, de estatura proporcionada, trigueña° clara, ojos negros y cabello largo castaño° claro. Dicen que soy bonita. Mi tiempo libre lo dedico a leer buenos libros. También recibo clases de guitarra y practico la natación°.

Mariángela 12-08

Soy de tez blanca, ojos pardos°, cabellos castaños claros, estatura 1.63. Tengo 23 años. Deseo correspondencia con jóvenes mayores de 23 años, que sean de ambos° sexos.

Solitaria 12-02

Tengo cabellos castaños oscuros, ojos castaños oscuros y grandes, tez° morena, estatura de 1.60, peso 54 kilos. Soy amante de la lectura. Mis hobbies son la música suave y el béisbol°. Soy bastante sentimental y delicada. Terminé mis estudios en Arte y Cultura General. Además, en Culinaria, y tengo Bachillerato Técnico Comercial. Actualmente trabajo de secretaria general en una empresa comercial. Deseo tener relaciones con un caballero de 26 a 30 años, que sea de una estatura regular, cabellos negros, tez morena clara y que tenga una profesión definida. No me importa que sea pobre, pero que sea educado, cariñoso, comprensivo°, y que sea soltero°. Ante todo, que sea culto.

Estrellita 12-12

crear... to establish a friendship

estoy... I am almost / brunette
chestnut

swimming

brown

both

complexion

baseball

understanding
bachelor

Deseo tener correspondencia con un joven de 27 a 29 años, de buenos sentimientos, que no sea rico, pero que tenga un empleo lucrativo, buena educación y formación moral. Que sea trigueño, de 1.65 a 1.75 de estatura°, no
muy delgado, y soltero. Yo soy trigueña, 1.60 de estatura, cabello corto
negro, ojos castaños de mirada° triste. Soy de buena familia y tengo buenos sentimientos. Me gustan las diversiones sanas° como el cine y el baile.
Tengo 19 años.

*height (one meter equals
approximately thirty-nine
inches)*
look

healthy, normal

Rosa Alegre 12-14

Me gustaría iniciar relaciones con caballeros serios, de buena familia, responsables, pobres pero decentes, católicos, cariñosos, hogareños, ordena-
dos°, solteros y sin compromisos°, trabajadores y honrados, diversiones
sanas, que no sean celosos°, y tengan entre 28 y 33 años. Trigueños claros°
y de buena presencia°. Yo tengo 18 años, soy sencilla, cariñosa, ordenada,
hogareña, pobre pero decente, católica, diversiones sanas. Estudié hasta
5° de primaria°, soy trigueña clara, de pelo negro, lacio° y largo. Que ellos
sean colombianos, españoles o mexicanos.

*neat / sin... not already
engaged*
*jealous / Trigueños... Light-
skinned*
appearance

*5º... fifth grade of primary school
/ straight*

Violeta Solitaria 12-04

Adaptación de un anuncio de Tú y Yo (Medellín, Colombia)

EJERCICIOS

¿Desea usted contraer matrimonio?
Escriben los jóvenes
Buscando un corazón

I

vocabulario

Exprese lo siguiente de otra manera, guiándose por los textos en los artículos.

1. *Nací en* la Argentina.
2. *Mi deseo es casarme.*
3. Quiero *entablar* amistad con los lectores.
4. Soy *algo* culto.
5. Ahora *estoy* en un sanatorio.
6. Pronto *voy a* cumplir diecisiete años.
7. *Mi altura es...*
8. Me gustaría casarme *dentro de poco tiempo.*

II
gramática

Llene los espacios con las preposiciones adecuadas (por ejemplo, **en, de, a, con**).

1. Deseo tener relaciones _____ fines matrimoniales _____ una chica española _____ dieciocho _____ veinticinco años, _____ ser posible que viva _____ Madrid.
2. Yo vivo _____ Madrid, pero quiero corresponder _____ chicas _____ cualquier parte _____ España.
3. Tengo el deseo _____ escribirme _____ chicas _____ mi edad y _____ inglés, francés o español.
4. Deseo ponerme _____ contacto _____ señoritas que residan _____ Madrid.
5. Prometo contestar _____ todas las cartas que recibo.
6. Soy _____ tez blanca y _____ personalidad bien formada. Trabajo _____ secretaria.
7. Gracias _____ nuestros servicios miles de hombres y mujeres han contraído matrimonio.
8. Relacionamos _____ hombres y mujeres _____ sus características.
9. Utilizamos _____ ello los más modernos métodos.
10. Los resultados obtenidos _____ los últimos años, reflejados _____ acta notarial, demuestran nuestra eficacia.

III
cierto o falso

Si es falso, explique.

1. La mayoría de las cartas fueron escritas por niños.
2. Los jóvenes que escriben cartas no quieren casarse.
3. Las muchachas quieren relacionarse con jóvenes serios.
4. Lo que quiere la mayoría de los jóvenes que escriben es conocer a muchachas muy inteligentes.
5. El ICROM relaciona a hombres y mujeres según el pueblo donde nacieron.

IV
opiniones

1. ¿Existen servicios similares al ICROM en los Estados Unidos? ¿en su ciudad? ¿Ponen anuncios?
2. ¿Son los métodos del ICROM realmente científicos según lo que ellos mismos dicen?
3. ¿Cuál es la mejor manera de encontrar un esposo o una esposa?
4. ¿Cree usted que las costumbres relativas a la selección matrimonial han cambiado en los últimos años? Si es así, ¿de qué manera?
5. ¿Cree usted que el matrimonio tiene tanta importancia para los jóvenes de hoy como tenía en otros períodos? Explique.
6. ¿Cree usted que el matrimonio tiene relativamente más importancia para la muchacha que para el muchacho? Si es así, ¿cómo explica usted esto?

El poeta mexicano Jaime Sabines expresa el problema de la soledad en manera sumamente original.

LA SOLEDAD

Dejé mi cadáver a orilla° de la carretera° y me vine llorándome. La ciudad es enorme como un enorme hospicio°. Fría y acogedora°, oscura e iluminada como la cárcel°.

Vine buscando al amor. Pensé que el amor era el único refugio contra los bombardeos nocturnos. Y encontré que el amor no podía salvarse. El amor dura sólo un instante. Es corrompido por el tiempo, no soporta la ausencia, apesta° con las horas, se somete° a las glándulas, está a la intemperie°.

Mi pequeño jardín estaba engusanado°. Nada de lo que dejé encontré. Ni un pétalo, ni una brizna° de aire.

¿Qué voy a hacer ahora? Tengo ganas de ponerme a llorar. Estoy llorando. Quiero reunir° mis cosas, algún libro, una caja de fósforos°, cigarros, un pantalón, tal vez una camisa. Quiero irme. No sé adónde ni para qué, pero quiero irme. Tengo miedo. No estoy a gusto°.

¿Qué va a ser de° mis hijos? Ojalá que crezcan° indiferentes o ignorantes. Hay que aturdirse°. Por eso es bueno el rocanrol°, el tuist, el mozambique. ¿Habrá que vivir borracho° de algo, como decía Baudelaire? Pero esta borrachera° lúcida del tiempo y de la gente, ¿no es demasiado? ¡Te quiero! Te quiero, cucaracha°, María, Rosa, lepra°, Isabel, cáncer, hepatitis, Gertrudis, manzana°, mariposa°, becerro°, nopal°, río, pradera°, nube°, llovizna°, sol, escarabajo°, caja de cartón°, te quiero flor pintada, plumero°, amor mío. Te quiero. No puedo vivir sin nadie. Me voy.

De *Universidad de México* (Jaime Sabines)

---

edge / road

poorhouse / sheltering

jail

stinks / se... it submits
está... it is exposed to the elements
full of worms

(here) gust

to gather up / caja... box o matches

a... at ease
va... will become of / will grow up
Hay... One must be stunned / rock-and-roll
drunk
drunken state
cockroach / leprosy
apple / butterfly / calf / nopal (tree) / meadow
cloud / drizzle / beetle / cardboard box
feather duster

LAS RESPUESTAS

10 EL HUMOR Y LA SABIDURÍA POPULAR

Es peligroso hablar en serio del humor, que es un fenómeno psicológico, literario, y muy general, porque es un poco como atacar a martillazos una hermosa e inquieta mariposa o un pajarito que nos alegra con su vuelo y su canto. Hay en el humor elementos que se basan en la sorpresa, en lo inesperado, en lo absurdo, en la ruptura del proceso normal, rutinario y mecánico de nuestra vida.

El humor es una sorpresa y un salto al vacío, pero en vez de caer volamos unos instantes y sonreímos felices. El humor es como una gota de aceite que lubrica la pesada máquina de nuestra existencia cotidiana. Hace aparecer el mundo más agradable, más nuestro, más manejable: convierte en juguete, en diversión, aquellos aspectos de la existencia que parecían peligrosos y excesivamente rígidos. Nuestro mundo moderno, cada vez más tenso y complicado, necesita el humor hoy más que nunca. Si no nos satisfacen las definiciones de los diccionarios debemos inventar nuestra propia definición del humor. Ahora, para empezar proponemos esta: el humor es una aspirina invisible, inventada por un ángel.

RINCÓN SENTIMENTAL

Querida tía Alma:

He oído decir que el perro es el mejor amigo del hombre y que los diamantes son los mejores amigos de la mujer. ¿Qué deduce usted de esto?

Antropólogo

Querido Antropólogo:

Cuál de los dos sexos es el más inteligente.

Querida tía Alma:

Soy boxeador y cada vez que estoy en vísperas° de participar en una pelea paso noches enteras sin poder dormir. ¿Qué haré para vencer el insomnio?

El Kid

Querido Kid:

Tírese al suelo, afloje° los músculos y cuente hasta diez.

Querida tía Alma:

Desde hace tiempo sólo veo manchas° negras, pero me resisto a visitar a un oculista porque casi todos cobran muy caro. ¿Estará bien recetarme° yo mismo unos anteojos°?

Ahorrativo°

Querido Ahorrativo:

Bueno, por lo menos así verá usted las manchas con claridad.

Querida tía Alma:

Me han dicho que, por ser su competidora en otra revista, usted se expresa mal de mí. Alguien me contó que usted había dicho que yo soy ciega y una tarada°. ¿Es cierto eso?

Doctora Miocardio

Querida Doctora:

Yo jamás he dicho que sea usted ciega.

en...   on the eve

relax

spots
prescribe
glasses
Thrifty

defective, moron

Adaptación de un artículo de *Contenido* (Mexico City)

ANATOMÍA DE LOS CHISTES

Dicen que la risa, como el estornudo, es nuestro desahogo° fisiológico, en
tanto que la sonrisa es el desahogo psicológico.

    Sin embargo, el humor — la comedia — es mucho más difícil de en-
tender que la tragedia, que es siempre universal. El humor de una cultura
tiene mucho que ver con sus costumbres, sus actitudes sociales, su historia.
Los extranjeros a veces no comprendemos o no compartimos el humor hispánico. Frecuentemente nos parece demasiado machista°, con la pobre
mujer siempre la víctima o el blanco del chiste.

    Pero también hay chistes en los cuales el blanco es la misma persona
que cuenta el chiste. Por ejemplo:

       — ¿Por qué no quieres darme un beso?
       — Porque tengo escrúpulos°.
       — No importa. Estoy vacunado°.

       — ¿Por que no juegas a las cartas con Jorge?
       — ¿Jugarías tú con una persona que esconde los ases?
       — ¡Claro que no!
       — Pues, Jorge tampoco.

También hay una vieja tradición del humor negro, o humor absurdo:

    Por muy mal que quede el hombre en la vida al final siempre le
    sacan en hombros°.

expression

male chauvinist

tengo... *I am cautious*
vaccinated

shoulders

Las guerras nos enseñan un poco de geografía, pero cuando nos
enteramos dónde está una ciudad ya no existe.

Hay un incendio° en un circo°. El empresario°, al enterarse de
que la estación de bomberos° está a 40 kilómetros, manda: ¡Qué
venga en seguida el hombre tragallamas°!

fire / circus / owner
estación... *firehouse*
fire-eater

Además hay juegos de vocablos basados en el idioma mismo:

Si las focas° viven treinta años, ¿cómo tienen los focos° sólo
unas 300 horas de vida?

seals / light bulbs

Otros son muy poéticos. Casi se puede decir que son poemas de un
solo verso más bien que chistes.

La coliflor es un ramo de blancos claveles° que galantemente en-
viamos al estómago.

carnations

Al dar la vuelta a la almohada, parece que volvemos la hoja del
libro de los sueños.

El arco iris° pone en la tormenta un final de revista°.

arco... *rainbow* / final...
grand finale

El océano es el llanto de los peces.

Recordar es hacer gárgaras° con el pasado.

hacer... *gargle*

Las lágrimas de los sueños tristes forman el rocío° de la mañana.

dew

Entre los refranes típicos de Nuevo México (de los cuales los profesores A. L. Campa y A. M. Espinosa han coleccionado seiscientos, la gran mayoría típicos de España también) algunos tienen sentidos casi idénticos a refranes ingleses. Otros no tienen equivalentes pero se entienden fácilmente.

- Favor referido° ni de Dios ni del Diablo es agradecido.   *mentioned (reminded)*
- La caridad bien ordenada comienza por sí mismo.
- La esperanza no engorda pero mantiene.
- Pájaros de una misma pluma se reconocen.
- Piensa el ladrón que todos son de su condición.
- Con la vara° que mides serás medido.   *rod*
- Vale más un toma-toma° que un aguárdate-tantito°.   *take-it-now / wait-a-while*
- El que de santo resbala° hasta el infierno no para.   *slips*
- De tal palo° tal astilla°.   *stick / splinter*
- Zamora no se ganó en una hora.

EJERCICIOS

El humor y la sabiduría popular

I

vocabulario

Después de leer con cuidado y tratar de entender los refranes que aparecen en la columna de la izquierda, trate de emparejar (*pair up*) cada refrán nuevomexicano con el refrán norteamericano que tenga un sentido idéntico o similar.

1. No se ganó Zamora en una hora.

2. De tal palo tal astilla.

3. Pájaros de una misma pluma se reconocen.

4. La caridad bien ordenada comienza por sí mismo.

5. Vale más un toma-toma que un aguárdate-tantito.

6. Con la vara que mides serás medido.

7. Vale más saber que tener.

8. Dime con quién andas y te diré quién eres.

A. People who live in glass houses should not throw stones.

B. Charity begins at home.

C. Rome was not built in a day.

D. A bird in the hand is worth two in the bush.

E. A chip off the old block.

F. Wisdom is dearer than pearls.

G. You shall be judged by the company you keep.

H. Birds of a feather flock together.

II

cierto o falso

Si es falso, explique.

1. Una persona ahorrativa gasta mucho dinero.
2. Las focas son animales que nadan en el mar.
3. Un bombero y un hombre tragallamas tienen algo en común.
4. Una almohada es un libro misterioso.
5. Hacemos gárgaras cuando nos duele la garganta.
6. El arco iris es una flor con colores entre azul y violeta.

11　EL DEPORTE

Pocas actividades humanas son tan versátiles, tan variadas, tan populares, como las actividades deportivas. Un deporte es un juego, un juego serio. Si participamos en un deporte en forma activa, robustecemos nuestra salud y aprendemos a cooperar con nuestros compañeros de juego: excelente para nuestra educación. Incluso un deporte individual, para solitarios — como el trote° — ofrece grandes ventajas físicas y espirituales. Otros deportes — como el toreo — son también rito, arte, ceremonia, espectáculo colectivo, expresión de valores profundos y tradicionales. Otros — como el fútbol° — son casi una manía nacional, que afecta a millones de personas. El deporte es, pues, actividad física bien coordinada, y también espectáculo público para las masas. En ambos casos ocupa un papel importante en nuestra cultura contemporánea.

jogging

soccer

Corran por su vida

¡Nos cansamos por no hacer nada! ¿Ridículo? De ninguna manera. Pero debemos explicar. No es que no hagamos nada en absoluto. Es que todo lo que hacemos, lo hacemos sentados. Nos cansamos por falta de° ejercicio.

    Por eso se explica por qué el trote se ha puesto tan de moda°, en los Estados Unidos, en Europa y ahora en México. Aquí lo practicamos sólo unos cuantos° pero entre ellos había el ex-presidente López Mateos y un grupo de hombres distinguidos que trotan sobre todo cerca de la Ciudad Universitaria. A veces parecen un poco ridículos. Pero yo, que usted°, no les criticaría. Después de cierta edad, nada hay como el trote para mante-

por... *for lack of*

se... *has become so fashionable*

unos... *a few*

Pero... *If I were you*

nerse saludable y en forma. Si usted es todavía joven y fuerte, no importa. Jamás es demasiado temprano para empezar.

Sin embargo, hay problemas para el trotador urbano, como explica Don Luis Pineda, mexicano de 56 años de edad que ha practicado este deporte desde hace 3 años. El problema principal es la falta de espacios donde practicar el deporte. El sitio ideal es el campo. Pero ¿quién puede salir diariamente de la ciudad? En cuanto a° las calles céntricas, un corredor puede asfixiarse en ellas por falta de oxígeno. Lo único que se puede hacer por ahora — dice el señor Pineda — es practicar el ejercicio muy temprano, antes de que los coches enturbien° el aire.

En... *As for*

foul

Otro inconveniente parece ser la actitud del público hacia estos deportistas. La vista° de una persona de edad° trotando por las calles provoca sonrisas en los adultos, carcajadas° en los niños y hasta miradas recelosas° de la policía. Y si eso fuera poco, los perros persiguen a los corredores.

sight / de... middle-aged
guffaws / suspicious

Sin embargo, los trotadores están tan convencidos de las bondades de su ejercicio que han adoptado por lema° esa frase tradicionalmente pronunciada en los incendios° y asaltos°: "¡Corran! ¡Por sus vidas!"

slogan
fires / holdups

Adaptación de un artículo de *Contenido* (ciudad de México)

El trote se ha puesto de moda en México.

EJERCICIOS

Corran por su vida

I

vocabulario

La columna izquierda contiene palabras o modismos de este artículo. La derecha tiene definiciones. Escoja la definición que explica cada palabra. Después emplee la palabra o modismo en una frase.

1. aprovechar	risa muy fuerte
2. por falta de	porque no tiene
	utilizar
3. unos cuantos	algunos
4. importar	sin confianza
	en su lugar
5. carcajada	tener importancia
6. receloso	
7. Yo, que usted	

II

gramática

A

Complete las frases siguientes, recordando que después de una preposición siempre sigue la forma infinitiva del verbo.

> Nos cansamos por no hacer nada.

1. Nos cansamos sin _____.
2. Nos cansamos porque nosotros _____.
3. Nos cansamos a pesar de _____.
4. Nos cansamos y _____.
5. Yo me canso y _____.
6. Tú _____.
7. Ustedes _____.
8. Yo me cansaba y _____.
10. Él se cansó sin _____.

B

Cuando cambiamos de emociones o salud, empleamos el verbo **ponerse** en su forma reflexiva. Emplee este verbo para completar las frases siguientes.

1. Al ser criticada por sus alumnas, la profesora _____ enfadada.
2. Si no nos cuidamos, podemos _____ enfermos.

3. Después de su enfermedad, ellos _____ muy débiles.
4. Antes cuando recibía alabanzas (*compliments*) _____ muy colorado.
5. Cuando alguien les insulta, ustedes siempre _____ de mal humor.
6. No sé por qué hoy ellos _____ tan antipáticos.

> (*pres. perf.*)

C

Expresiones de tiempo.

> **Don Luis Pineda ha practicado este deporte desde hace tres años. =**
> **Hace tres años que Don Luis Pineda practica este deporte.**
>
> (*Both sentences express an action begun in the past but continuing up to,*
> *and including, the present*).

En las frases siguientes, haga un intercambio de las expresiones.

> Hace un año que vivo aquí.
> **He vivido aquí desde hace un año.**

1. Hace veinte minutos que la espero.
2. He trabajado aquí desde hace diez años.
3. Hace tres horas que él está corriendo.
4. Le conocemos desde hace años.
5. Hace muchos años que la ciudad está sucia.
6. Hemos seguido con el mismo ejercicio desde hace dos semanas.
7. Los perros han perseguido a los corredores desde hace dos horas.
8. Hace tiempo que ella está convencida del valor de su ejercicio.

III
preguntas

1. ¿Por qué nos cansamos?
2. ¿Hay muchos que practican el trote en México?
3. ¿Quién era el más famoso de los hombres que practicaban el trote en México?
4. ¿Desde cuándo ha practicado el deporte don Luis Pineda?
5. Según este señor, ¿cuál es el problema principal de los trotadores?
6. ¿Cuál es el problema que presentan las calles céntricas?
7. ¿Qué hora del día es mejor para correr?
8. ¿Cómo reacciona la gente de México a la vista de personas de edad trotando por las calles? ¿Reaccionamos igual en los Estados Unidos?
9. ¿Es usted trotador? ¿Piensa usted serlo? ¿Dónde se trota fácilmente en su ciudad?

Escuela para graduarse de torero

En Tijuana, ciudad de México fronteriza con los Estados Unidos, el ex torero mexicano Eduardo Solórzano ha tenido la singular idea de crear la primera escuela para aprender toreo, donde, tras seis meses de aprendizaje y 600 dólares de matrícula, cualquier modesta persona puede "graduarse" en el arte de lidiar° toros. La enseñanza es además bilingüe, como corresponde a una ciudad fronteriza extraordinariamente visitada por norteamericanos desde los venerables tiempos de la prohibición de bebidas alcohólicas

to fight

¿Nacen los toreros, o se hacen?

en su país. A la noticia de que se abría un "college" — clases teóricas y prácticas — para tener la oportunidad de convertirse, quizás, en un Manolete°, o en un Cordobés°, los aspirantes a vuelta al ruedo, corte de orejas*, y 30 mil dólares por corrida, han afluido en gran número hacia Tijuana para inscribirse°, llevando — según observa un periodista — la novela de Hemingway *Muerte en la tarde* bajo el brazo. Hasta ahora, sin embargo, no ha habido ninguna muerte, ya que se toman todas las precauciones posibles para que los estudiantes hagan su aprendizaje dentro de las mayores protecciones posibles. Y los principiantes comienzan capeando° a un chico que maneja unos cuernos°, después vaquillas°, más tarde <u>novillos</u>° pequeños. Los animales, a precios adicionales de 50 a 100 dólares — incluida la protección de una cuadrilla° de instructores experimentados.

   Mas° la apertura° de este nuevo tipo de escuela es sólo parte de la actividad del rancho donde radica°. Su fuerte° en atracción turística es servir de base para las convenciones de los numerosísimos "clubs de aficionados al toreo" que existen en los Estados Unidos. Así como rotarios, leones, "shriners", etc., celebran sus convenciones anuales, los *American aficionados* se convocan en Tijuana, y entre sus actividades figura prominentemente la del toreo. Que tiene varias categorías, desde la actuación de los absolutamente novatos°, hasta la de los que tienen varias convenciones de experiencia. Con traje de toreo y todo, se baten con entusiasmo contra vaquillas o novillos, un oculista de Los Angeles, un vendedor de abono químico° de Arizona; un boticario° de Kansas City... Para la ocasión, hasta se imprime° un cartel° con los nombres de los participantes en las corridas de cada convención... en las cuales no faltan los incidentes jocosos°, ni tampoco las osadas° y valerosas° actuaciones de lidiadores de una vez al año. Al final, cada convención del club taurino norteamericano respectivo celebra su fiesta de clausura y se hace la entrega° de trofeos a los ganadores que se lanzaron° a la arena para vivir y realizar° la gran ilusión de su vida: torear, como un verdadero héroe de Hemingway.

Artículo de *Vanidades Continental* (ciudad de Panamá)

---

* los... orejas Those who aspire to the honor of walking around the bull ring to the applause of the audience (after a brilliant performance) and to being awarded the bull's ears (an honor going to the best bullfighters).

Marginal glosses:

a famous Spanish bullfighter of the past / a popular Spanish bullfighter of recent times
enroll

doing capework
maneja... *holds a pair of horns / small cows / young bulls*

set
but / *opening*
it is located / strong point

beginners

abono... *chemical fertilizer / druggist*
se... *is printed / poster*
humorous
daring / courageous

awarding
se... *rushed into / to fulfill*

EJERCICIOS   *Escuela para graduarse de torero*

I
vocabulario

Las palabras que siguen son algo parecidas pero muy diferentes en sentido. Emplee cada una correctamente en una frase.

creer	visto	hacia	esta	sentarse	traje (*substantivo*)	arena
crear	visitado	hacía	está	sentirse	traje (*verbo*)	harina

II
preguntas

1. ¿Qué clase de escuela ha fundado el mexicano Eduardo Solórzano?
2. ¿Cuánto tiempo dura el aprendizaje, y cuánto cuesta el curso?
3. ¿Cuál es el idioma que se usa en la enseñanza?
4. ¿Por qué, piensa usted, llevan los alumnos la novela de Hemingway *Muerte en la tarde* bajo el brazo?
5. ¿Cuántas muertes (relacionadas con el curso) ha habido hasta ahora?
6. Aparte de la escuela, ¿qué más ofrece a los turistas el rancho donde radica la escuela?
7. ¿Qué hacen los convencionistas? ¿Cómo se visten?
8. ¿Qué clase de carteles se imprimen en el rancho?
9. ¿Qué es lo que hacen en la fiesta de clausura?
10. ¿A usted le gustaría inscribirse en la escuela de toreo? ¿Es usted aficionado al toreo?

III
ensayos

Escoja un tema y escriba un ensayo.

1. Siempre ha sido difícil decidir si el toreo es un deporte o un arte. ¿Qué opina usted y por qué?
2. ¿En qué radica la atracción del toreo?
3. Una comparación de la psicología del público en los campeonatos de boxeo y las corridas.
4. Una corrida desde la perspectiva del toro (un comentario sobre las perversiones humanas).
5. Mencione otro deporte que debíamos haber incluido en esta sección. Explique por qué.

12 EL TURISMO

Por qué viajamos? Los motivos varían de un individuo a otro. A veces lo hacemos por aburrimiento — para escapar a la monotonía de la vida cotidiana°, del paisaje familiar, de los rostros° vistos un día tras otro. O bien viajamos por amor a la aventura, por curiosidad, por deseo de conocer otras costumbres, otras culturas, otras maneras de vivir, de hablar, de pensar y de sentir que nos parecen más nuevas, frescas, y quizá más prometedoras° que las nuestras.

everyday / faces

promising

En los últimos años España ha sido uno de los primeros países turísticos *(por el número de personas que visitan el país). Pero los españoles también son turistas. Los anuncios que siguen describen ofertas de la revista* Destino, *de Barcelona.*

ANDORRA~SHOW

La primera semana de junio daremos a conocer° nuestros "fines de semana" denominados *Andorra-Show.* ¿De qué se trata°? Sencillamente, de ofrecer una serie de viajes rumbo a° Andorra bajo la denominación de "tarifa joven"°. Todo ha sido estudiado para ofrecer mucho a excepcional tarifa. Durante este viaje el turista asistirá a una sesión de cine, efectuará la excursión en tele-cabina° al Lago de Engolasters, y dispondrá de tiempo suficiente para efectuar compras en Andorra la Vieja.

    Será utilizado el Hotel Monte Carlo de Encamp. El precio se entiende en habitación sin baño. Incluido el vino en las comidas.

    Nuestro *Andorra-Show* le divertirá, ya que ha sido montado a escala° de gran espectáculo y pensando ofrecerle una Andorra dinámica y diferente.

daremos... *we will make known*
se... *is it about*
rumbo... *to*
tarifa... *youth fare*

cable car

scale

Una calle en Andorra.

SEGUNDO MINI-SAFARI

Hoy ya podemos anticiparles° las fechas reservadas para el Segundo Mini-Safari Fotográfico: días 29, 30, 31 de mayo, y 1 de junio.

    En cuanto al vuelo de salida, se ha previsto efectuarlo° el día 29 de mayo, sábado, por la tarde, a fin de beneficiarse de la semana inglesa°, cada día más extendida en nuestras industrias y oficinas.

    Este viaje podría titularse también "Show en Mallorca", pues se trata de un programa variadísimo, con visitas, espectáculos, excursiones, mini-safari, y la sensacional actuación° de dos delfines° que efectúan saltos mortales°, bailan el twist, actúan de bomberos°, cruzan un aro° de fuego, cantan, practican el baloncesto°, y juegan a los bolos°.

    El Hotel Almudaina — categoría Cuatro Estrellas — cuidará del hospedaje° de nuestros viajeros. Esperamos y deseamos que esta segunda edición del Mini-Safari Fotográfico en tierras de Mallorca obtenga el gran éxito que cosechó° el primero y, a ser posible, que lo supere.

to announce in advance

se... it has been planned to take place
la... five-day work week

performance / dolphins
saltos... somersaults / firemen / hoop
basketball / bowling

lodging

reaped

El puerto de Ibiza.

IBIZA

También la isla de Ibiza del 26 al 29 de junio estará al alcance° de nuestros lectores.

    Ida y vuelta° en avión y estancia en hotel de primera categoría en Santa Eulalia.

    En caso de seducirle este programa balear°, inscríbase° con antelación°, atendida la circunstancia que las compañías aéreas requieren disponer de° los nombres de los futuros viajeros varios días antes de emprender° el viaje.

al... *within reach*

Ida... *Round trip*

programa... *itinerary to the Balearic Islands* / *register* con... *in advance*

disponer... *to have available*

begin

Adaptaciones de anuncios de *Destino* (Barcelona)

¿Quiere usted viajar con su perro?

Peter Ustinov, que escribió a un hotelero° español preguntándole si le permitiría alojarse° con su perro en el establecimiento regentado° por aquél, recibió la siguiente respuesta:

"Muy señor mío°: Desde hace treinta años ejerzo° la profesión de hotelero, y durante todo este tiempo jamás un perro me ha robado una cucharilla°, ni se ha dormido en la cama con un cigarro encendido en la boca, ni se ha emborrachado°, ni se ha limpiado los zapatos con la colcha°, ni se ha marchado sin pagarme la cuenta. No veo, pues, razón para rechazarle° como huésped°. Es más: si consigue usted una carta de recomendación de él, créame que le atenderé° como al más selecto de mis clientes."

hotel manager
to lodge / managed

Muy... My dear sir / I have practiced

teaspoon

se... got drunk / bedspread

to reject him / guest
will look after you

Adaptación de un artículo de *Destino* (Barcelona)

VIAJE SIN PERRO nosotros lo cuidaremos

CLINICA VETERINARIA
RAYOS X - CIRUGIA
PELUQUERIA - BAÑOS
VACUNAS DE RABIA - MOQUILLO, etc.
HOTEL - RESIDENCIA CANINA
VETERINARIO: V. MARINO
PROFESOR WAKSMAN, 10
(esquina Dr. Fleming, 16 - Feygón III)
Teléfs. 457 38 86 - 457 68 47 - MADRID-16

cirugía *surgery*
peluquería *barber shop*
vacunas *vaccinations*
moquillo *distemper*

Anuncio de *ABC* (Madrid)

EJERCICIOS

Andorra-Show
Segundo Mini-Safari
Ibiza
¿Quiere usted viajar con su perro?

I
vocabulario

Guiándose por el vocabulario de los ensayos escriba la palabra que complete cada frase.

1. Los viajes en avión se llaman _____.
2. Los hombres encargados de apagar incendios se llaman _____.
3. Los mamíferos acuáticos de tamaño mediano que son tan inteligentes que pueden aprender a bailar, cantar y practicar el baloncesto se llaman _____.
4. Los hosteleros cuidan del _____ de los viajeros.
5. Generalmente pedimos un billete de _____ en avión si es que queremos regresar a casa.
6. Para comer algunos postres empleamos _____.
7. Lo que tenemos que pagar siempre es _____.
8. Nosotros los que visitamos una casa o un hotel nos llamamos _____.

II
gramática

A

Conteste según los ejemplos.

¿Qué esperas del segundo mini-safari? **Espero que obtenga el gran éxito del primero y, a ser posible, que lo supere.**

¿Qué esperabas del segundo mini-safari? **Esperaba que obtuviera el gran éxito del primero y, a ser posible, que lo superara.**

1. ¿Qué esperan de estas vacaciones?
2. ¿Qué debemos esperar de este niño?
3. ¿Qué esperaste de tu último viaje?
4. ¿Qué han esperado ustedes de la nueva revista?
5. ¿Qué esperaron ellos de su último libro?

B

Siga el modelo de la primera oración, sustituyendo los verbos que damos en forma infinitiva y añadiendo cualquier palabra que sea necesaria para dar sentido a la frase.

Jamás un perro me (robar una cucharilla), ni (dormirse en la cama), ni (emborracharse).

Jamás un perro me ha robado una cucharilla, ni se ha dormido en la cama, ni se ha emborrachado.

1. Jamás un perro (mentir), ni (pedir un favor) ni (ponerse enfermo).
2. Jamás un perro (marcharse sin pagar la cuenta) ni (insultar a nadie) ni (ensuciar la recámara).
3. Jamás un perro (ladrar mucho) ni (quejarse sin razón) ni (beber en exceso).
4. Jamás un perro (quemar una colcha) ni (volverse loco) ni (escribir cartas ofensivas).

III

preguntas

1. ¿Cuánto tiempo duran las excursiones que se llaman Andorra-Show?
2. ¿Qué está incluido en la tarifa? ¿Qué no está incluido?
3. En el Mini-Safari Fotográfico a la Isla de Mallorca, ¿por qué se ha previsto efectuar el vuelo de salida un sábado por la tarde?
4. ¿Qué incluye el "Show en Mallorca"?
5. ¿Qué harán los delfines?
6. ¿Qué puede usted hacer si quiere viajar *sin* perro?
7. ¿Por qué está dispuesto el hotelero español a aceptar perros como huéspedes?

IV

opiniones

1. ¿Le gusta viajar? ¿solo? ¿acompañado?
2. ¿Qué cualidades debe tener un compañero de viaje?
3. ¿A qué país querría usted viajar? ¿Por qué?
4. ¿A qué país no querría usted viajar? ¿Por qué?
5. ¿Ha visitado usted algún país de habla española? Si su respuesta es afirmativa, ¿puede usted comentar sobre sus impresiones de este país?

EL OCIO°

leisure

Ananías

La casa ya existía antes de la guerra allá en la plaza de la Moncloa, y al acabar la contienda°, olvidándose de aquel montón de ruinas y escombros°, Ananías trasladó su casa a Galileo, 9. Todavía hoy, a sus setenta años, aunque tiene un sobrino° que sigue con admiración sus huellas°, Ananías sigue al pie° de su cocina cuidando sus carnes rojas, su ternera° de Ávila y sus asados de cordero°. Tampoco descuida los pescados del día, mientras su sobrina se encarga de los postres: natillas°, arroz con leche, brazo de gitano°, flan... Hay un menú del día consistente en dos platos, postre, pan y vino: comida casera y barata. El vino de la casa es un clarete de Chinchón, perfecto para acompañar las carnes, callos°, mollejas°, criadillas° y riñones°. Hay tres comedores: dos de ellos con azulejos° en las paredes y mesas de mármol, y otro más moderno. Se come muy bien y no es caro, ya que se puede comer a partir de 160 pesetas. Cierra los miércoles. De 13,00 a 16,00 y de 21,00 a 24,00.

struggle   /   rubble (caused by the war)

nephew   /   footsteps
fully in charge   /   veal
roast lamb
custard
rolled spongecake

tripe   /   gizzards   /   testicles
kidneys   /   blue tiles

El restaurante Ananías.

EL OCIO   24 horas en Barcelona

La tradición de "La Puñalada"

Un minuto de silencio, por favor, en homenaje a uno de los pocos restaurantes señoriales° que quedan en la ciudad condal°. Fundado en 1916, aquí se han reunido infinitas peñas°, tertulias° y grupos de gente conocida, sobre todo de los ambientes artísticos y literarios.

«La Puñalada» abre en el 104 de Paseo de Gracia desde las ocho de la mañana a la una de la madrugada°. Durante el día, es café y a la hora del desayuno o de los «tentempiés»° matinales puede usted encontrar destacadas figuras de la banca°.

Para el almuerzo y la cena funciona el restaurante, dedicado a cultivar las cocinas francesa y catalana y que, si bien no ofrece una carta demasiado original, sí garantiza la excelente calidad de sus especialidades y la ponderada° elaboración° de todas ellas. Hay *buffets* de ensaladas, sopa de mariscos°, habas° a la catalana, merluza° a la vasca, filete a la pimienta, ternera asada y turnedó°. Y de postre, quesos franceses, tarta de la casa — apetitosa — y los helados de siempre.

La cuenta° se situará°, todo hay que decirlo, entre las 1.000 y las 1.500 pesetas.

high-class / Barcelona (the city was once ruled by counts)
friendly gatherings / literary gatherings

morning

snacks

destacadas... well-known banking personalities

careful / preparation
sopa... seafood soup / mountain beans / hake sirloin

bill / will probably come to

Comentarios de *Blanco y Negro* (Madrid)

EJERCICIOS

24 horas en Madrid
24 horas en Barcelona

I

preguntas

1. ¿Cuál de los dos restaurantes es el más caro?
2. ¿Cuál de los dos artículos nos da más datos acerca del dueño del restaurante?
3. Juzgando por el horario del restaurante en Madrid, ¿qué diría usted acerca de las horas de almorzar y cenar en España? ¿Corresponden a las horas cuando nosostros solemos comer?
4. ¿Qué opina usted del menú de Ananías? ¿Ha probado usted los callos, mollejas, criadillas, etc? ¿Tiene ganas de hacerlo?
5. Describa los clientes de "La Puñalada".
6. ¿Cuáles de los platos mencionados le parecen más apetitosos?

II
vocabulario

Teatro de la Comida. Personajes: Un mesero español y una pareja de turistas americanos. Son las 21,00 (las nueve de la noche). Tienen mucha hambre porque suelen cenar a las 18,00 (las seis). El estudiante contestará, oralmente o por escrito (o los dos pueden contestar oralmente), las preguntas del mesero (*mozo* y *camarero* son los términos más usados en España para *waiter*), para crear así una verdadera conversación entre el español y los turistas.

MOZO: ¿Dónde desean sentarse? ¿En esta mesa, al lado de la ventana? ¿En esta otra, en el rincón (*corner*)? ¿En esta mesa al lado de la barra (*bar*)?

TURISTAS: _____

MOZO: ¿Les sirvo un jerez? ¿Un vino blanco? ¿Un coctel? ¿Unas tapas o entremeses (*hors d'oeuvres*)?

TURISTAS: _____

MOZO: ¿Qué entremeses prefieren? Tenemos calamares fritos (*fried squid*), salchichón (*salami*), hongos a la vinagreta (*mushrooms vinaigrette*), gambas con gabardina (*shrimp fried in batter*). ¿O quizá prefieren ustedes una sopa? Sopa de ajo (*garlic*), sopa de cebolla (*onion*), sopa florentina, sopa de espinacas (*spinach*).

TURISTAS: _____

MOZO: ¿Y después? ¿Bacalao a la vizcaína (*cod Basque style*), merluza a la plancha (*grilled hake*)? ¿Una botella de vino blanco de la casa? ¿Les sirvo más pan? ¿más mantequilla? ¿más agua?

TURISTAS: _____

MOZO: Sí, señores, me doy cuenta de que tienen ustedes mucho apetito. En su país cenan más temprano, ¿verdad?

TURISTAS: _____

MOZO: Pues aquí, ya ven ustedes.... Y este cocinero nuestro es un poco lento....

TURISTAS: _____

MOZO: No, no se levanten ustedes, no se vayan... no se preocupen, les consigo algo rápidamente... un plato combinado, unos callos...

TURISTAS: _____

MOZO: Ah, se me olvidaba que ustedes no están acostumbrados a comer ciertos guisos (*here, dishes*). Muy bien: les traigo ahora mismo una hamburguesa, unas patatas fritas y un refresco (*soft drink*). ¿Qué les parece?

TURISTAS: _____

13 LA MÚSICA Y SUS INTÉRPRETES

Dentro de nuestros cuerpos y a nuestro alrededor — si es que sabemos escuchar — percibimos diversos ritmos. El ritmo de los latidos° de nuestro corazón, los ritmos majestuosos de las estrellas en el cielo, el incesante y lento pasar y volver de las estaciones° del año. La música ayuda a conectar nuestros ritmos internos, nuestras melodías afectivas°, con el mundo externo. Y para la juventud de hoy la música significa, más que la música clásica, que todavía cuenta con muchos y muy brillantes partidarios°, la nueva música, los nuevos ritmos, simbolizados por intérpretes que provocan el entusiasmo de las muchedumbres°. Intérpretes que se transforman súbitamente° en ídolos, como son Joan Manuel Serrat y Joan Baez.

beats

seasons

emotional

supporters

crowds

suddenly

Joan Baez, la famosa cantante americana, es de origen chicano y canta mucha canciones en español. Pero aparte de sus canciones, Joan también se interesa por los pobres, las víctimas de la injusticia. Es tanto pensadora como cantante. Reproducimos algunas de sus observaciones sobre la vida.

Joan Baez por Joan Baez

Sobre el canto

Cantar es amar y afirmar, volar y planear°, entrar a los corazones de la gente que escucha, decirles que la vida debe vivirse, que hay amor, que nada es una promesa; pero que existe la belleza y que debe perseguirse y encontrarse. Que la muerte es un lujo°, mejor para hacerla romántica o para cantarla que para ocuparse de° ella frente a la vida.

glide

luxury

ocuparse... *to occupy oneself with*

Sobre la meditación

Lo que entendemos en la escuela al hablar de meditación es en realidad muy fácil de explicar. Y casi imposible llevarla a cabo°. Queremos decir que debe prestarse atención, sin concentrarse, estar firme y, al mismo tiempo, ser tolerante. Dejar de ensayar y abandonar las fantasías. Miren con sus ojos. No sé qué habrá que puedan ver. Escuchen con sus oídos. Todo está vivo.

llevarla... *to carry out*

Sobre la no violencia

El objetivo de la no violencia es construir un suelo°, un suelo nuevo y firme, por debajo del cual ya no podamos caer, una plataforma que se encuentre a unos cuantos metros por encima del napalm, la tortura, la explotación, el gas venenoso, las bombas A y H. Denle° al hombre un lugar decente para vivir.

floor

Give

Sobre ella misma

Soy indestructible. Hay una mujer joven que solloza° bajo un roble°. Sabe que su cuerpo no es sino una ramita quebradiza° y que no durará mucho tiempo. Pero acaba de oir una respuesta a la pregunta que ni siquiera se dio cuenta° de haber hecho. Es indestructible. Algo de ella... pertenece al proceso de minuto a minuto, siempre presente y siempre huyendo°, que es la eternidad.

sobs / oak

ramita... *fragile branch*

ni... *she did not even realize*

fleeting

Artículo de *Hablan los Artistas* (ciudad de México)

Joan Manuel Serrat: ídolo aunque no lo acepte

Joan[1] Manuel Serrat es un hombre al que el destino le ha señalado como ídolo aunque él no lo acepte. Este joven empezó su carrera cantando sólo en catalán[2]. Pero, sin embargo, toda España le conocía y admiraba. Hoy canta en castellano e incluso en inglés; canta los poemas de Rafael Alberti[3] y Antonio Machado[4], dos de los poetas más populares de nuestro siglo. Muchos jóvenes de América Latina conocen la obra de los poetas españoles gracias a los discos° de Serrat. Hace poco, cuando Serrat realizó una gira° de importantes recitales por el continente americano, ha visto cómo la gente armaba alborotos° para oir sus recitales, para verle en persona. Y no le agradó° en absoluto ser ídolo. Es un hombre muy sencillo.

    Serrat jamás miente°. Nunca aprendió a fingir°. Es muy difícil conocer lo que piensa y sueña. Él sólo exterioriza lo que siente cuando canta.

    Joan Manuel Serrat Teresa, el nombre completo de nuestro artista, nació en Barcelona en una casa que jamás ve el sol, en un barrio obrero°. A la edad de tres años ingresó becado° en una escuela que no le agradó en

records / realizó... *made a tour*

armaba... *rioted*

please

lies / *to pretend*

working-class

with a scholarship

---

[1] The name is pronounced Jou-án. It is the equivalent of Juan or John.

[2] Catalán is a language spoken in Catalonia in eastern Spain (capital—Barcelona).

[3] Rafael Alberti (1902–   ) explores the subconscious and frequently depicts Spanish landscapes, emphasizing the visual, plastic possibilities of lyrical poetry.

[4] Antonio Machado (1875–1939), a great lyric poet who emphasized the relationship between time, dreams, and everyday life.

absoluto. Allí dice que "empezó a forjarse° dentro de mí el rebelde". Fue pasando por diferentes cursos de enseñanza primaria "en donde todo funcionaba a golpe de regla°". Explica Joan Manuel que "en el bachillerato° nunca me reprobaron°, pero mis promedios no ascendían más allá de 5.2°, o una cosa así. El promedio del cuarto curso fue un cinco pelado°, lo cual significa que aprobé los asignaturas por los pelos°".

A los trece años Serrat marcha a Tarragona como interno en la Universidad Laboral. Es una nueva experiencia para él. La disciplina es dura. Maneja el torno° y la fresa°. Si siempre había pasado las asignaturas a duras penas°, con la adolescencia se despierta su talento y dedicación.

De pronto° Serrat se revela como cantante. Su primera actuación fue en San Cugat. Serrat lleva la guitarra que le ha regalado su padre, por el éxito en los estudios. Por primera vez, estallaron° los aplausos en sus oídos.

Continúa arraigándose° más su afición por la música y la poesía, y Joan Manuel empieza a escribir canciones. Forma su cuarteto con sus mejores amigos; se desbarata° el cuarteto pero sus amigos siguen animándole° y por fin se presenta en Radio Barcelona. Al cabo de tres meses consigue un contrato en una casa grabadora°, en donde canta en catalán. A partir de entonces, todo ha sido una especie de escalera°, el punto de partida de una gran figura de la canción española: Joan Manuel Serrat.

to forge

a golpe...   by strict rule / high school
failed   /   .2 above passing
barely

por...   by a hair's breadth

lathe   /   drill
a...   with difficulty

De...   Suddenly

burst

growing deeper

se...   falls apart
encouraging him
recording
ladder

Adaptado de un programa de teatro

EJERCICIOS   *Joan Manuel Serrat: ídolo aunque no lo acepte*

I

vocabulario

Llene el espacio con la palabra (o palabras) que más convenga, escogiendo entre las palabras del texto. (Hay que emplear artículos delante de los nombres.)

1. El artista realizó _____ por toda España.
2. El estudiante recibió _____ que le ayudó a continuar sus estudios.
3. La gente armó _____ para ver al cantante.
4. En esta asignatura me aprobaron por _____.
5. Eso quiere decir que pasé a duras _____.
6. Se hacen discos en una casa _____.

II
gramática

A
Transformación.

> No quiero ser ídolo.
> **A mí tampoco me agrada ser ídolo.**

1. No quiso ser cantante.
2. No deseamos comer aquí.
3. No quisieron tardar tanto.
4. Él no ha querido venir.
5. No quiero seguir fingiendo.

B
Termine cada frase según el ejemplo. (Cambie el tiempo del verbo según el cambio en la primera parte de la frase.)

> **Ellos acaban de cantar pero ellas siguen cantando.**

1. Nosotros acabamos de tocar pero ustedes _____.
2. Ellos acabarán de molestar pero nosotros _____.
3. Usted ha acabado de servirse pero yo _____.
4. Tú acabaste de vestirte pero tu hermano _____.
5. Yo acabo de comer pero tú _____.
6. Acabamos de repetirlo pero usted _____.

III
preguntas

1. ¿Quién es Joan Manuel Serrat?
2. ¿Dónde nació?
3. ¿En qué idioma empezó a cantar?
4. ¿Cuáles son algunos de sus poetas españoles favoritos?
5. ¿Por qué no le agrada ser ídolo?
6. ¿Qué puede usted decirnos de sus días estudiantiles?
7. ¿Qué aprendió en la Universidad Laboral?
8. Aparte de cantar, ¿qué otra cosa de naturaleza artística hace Joan Manuel Serrat?
9. ¿Le ha oído cantar alguna vez? ¿Qué tal le gustó?

IV
opiniones

1. ¿Qué opina usted de los cantantes populares en los Estados Unidos y en Inglaterra? ¿Compra usted sus discos? ¿Cree usted que merecen su gran popularidad?
2. ¿Qué prefiere usted, escuchar los discos de cantantes famosos o cantar (y tocar) usted mismo? ¿Por qué?
3. ¿Quiere usted llegar a ser un gran cantante? ¿Le gustaría demostrar sus capacidades?
4. ¿Escucha usted música mientras trabaja o estudia? ¿Por qué?
5. ¿Va con frecuencia a los conciertos? ¿Por qué?

14 LAS ARTES PLÁSTICAS Y VISUALES

Los países de lengua española han sido siempre fértiles en grandes pintores, excelentes arquitectos, escultores y grabadores° de primer orden, hombres capaces° de diseñar° ciudades nuevas y grandiosas o bien, para ir a otro extremo, de decorar exquisitas joyas° o bellos objetos de uso cotidiano°. Los artistas siempre han ocupado una posición honrosa en estos países. En el mundo de hoy la fertilidad y el ingenio° de estos creadores nos han dado formas nuevas, insospechadas°, formas, a veces, que están a medio camino° entre la escultura y la arquitectura, o entre la arquitectura y la pintura: no hay fronteras definidas, todo es parte de un vasto deseo de innovar, de explorar, de conquistar formas nuevas, que a veces crean una sensación de espacio° que el mundo moderno nos ha negado°.

graphic artists
capable / to design
jewels
daily
genius
unsuspected
a... halfway between

space / denied

Todas las artes son hermanas: un dibujo de Picasso se convierte en mural.

EL SURREALISMO SOY YO

por *Salvador Dalí*

Yo vivo y trabajo en mi casa blanca que está a las orillas° del mar y desde donde se domina el Mediterráneo. No hay árboles. No soporto° lo verde. Mi paisaje carece de° árboles. Tiene el aspecto de un esqueleto° de asno° en putrefacción. Es posible que con el tiempo ponga algunos olivos°. Mi color favorito es el amarillo, por lo que pongo luces ambarinas en mi patio.

a... *on the edge*
No... *I can't stand*
carece... *lacks / skeleton / ass*
olive trees

Desde mi patio el panorama no tiene color. Es gris y amarillo. Es monocromático. Sin árboles. En Nueva York tampoco los hay.

Soy exhibicionista, pero un tipo paradójico, excéntrico y concéntrico a la vez, precisamente un exhibicionista daliano.

El surrealismo soy yo. Soy el único surrealista perfecto y trabajo dentro de la gran tradición española. Los místicos españoles siempre fueron surrealistas, los franceses ateos°.

atheists

En una temporada me obsesioné con la personalidad de Hitler, a quien siempre visualicé como mujer... La suavidad° de esa carne hitleriana bajo su túnica militar me producía un éxtasis gustatorio°, nutritivo y wagneriano que hacía que el corazón me latiera° con violencia. Mi visión nada

softness
of taste
el... *that my heart beat*

La cara de Salvador Dalí es también, dicen algunos, una obra de arte; los ojos, el bigote, la boca, todo se relaciona y se complementa.

tenía que ver con° la política. Sin embargo, pronto me vi defendiendo mi posición ante una reunión de los surrealistas franceses.

    La reunión fue memorable. Pasé la mayor parte de la sesión puesto de hinojos°, no suplicando contra mi expulsión, sino exhortándolos a comprender que mi obsesión por Hitler era puramente paranoica y apocalíptica.

nada... *had nothing to do with*

puesto... *on bended knee*

Mi obsesión persistió hasta la muerte de Hitler. Oí la noticia cuando me estaba tomando la temperatura. Durante exactamente 17 minutos permanecí pensando, con el termómetro en la boca. Cuando me levanté de mi cama, mi temperatura estaba perfectamente bien. Tanto Hitler como el surrealismo se convirtieron en etapas° muertas.

Entonces tuve la certeza° de que yo era el salvador del arte moderno, el único capaz° de sublimar, integrar y racionalizar todas las experiencias revolucionarias de los tiempos modernos, dentro de la gran tradición clásica del realismo y el misticismo, que es la misión suprema y gloriosa de España.

Creo en la violencia y me gustan todos los tipos de guerras, inclusive una atómica que todo lo destruiría. Si ésta se produjera, todos nos convertiríamos en ángeles y, de acuerdo con la teoría antigua, lo único que quedaría en la tierra serían peces° pequeños que se desarrollarían hasta convertirse en una raza humana renovada y superior.

Aparte de mi arte, he diseñado la máquina más importante del siglo, que es una máquina para pensar, empleando el ojo humano. También he inventado lentes° con pulgas° dentro de los cristales. Se trata de ponerse los lentes durante unos instantes, para después irse a dormir y soñar. Los lentes deben producir sueños a todo color que se proyectarán sobre una pantalla°.

stages

certainly

capable

fish

eyeglasses / fleas

screen

Adaptación de un artículo de *Hablan los Artistas* (ciudad de México)

EJERCICIOS *El surrealismo soy yo*

I
vocabulario

A

Forme otro substantivo que sea aplicable a una persona, basándose en el substantivo general y abstracto. (Se encuentran estos substantivos aplicables a las personas en el texto del artículo anterior.) Ejemplo: comunismo / **un comunista**

1. surrealismo 2. misticismo 3. exhibicionismo 4. salvación 5. revolución

B

Guiándose por el vocabulario del ensayo, escriba la palabra que complete cada frase.

1. El árbol en que crecen las aceitunas es un _____ .
2. Ponerse de rodillas es otra manera de decir ponerse de _____ .
3. Cuando estamos seguros de algo tenemos _____ .
4. Lo que el pescador atrapa es un _____ (*sing.*) o unos _____ (*plur.*).
5. Lo que empleamos para ver mejor son _____ .
6. Los bichos (*bugs*) que a menudo atacan a los perros son _____ .
7. Si una cosa no tiene relación con otra cosa, decimos que _____ (*frase*) la una con la otra.

II
gramática

Cambie cuando sea necesario. (Emplee la forma correcta del verbo.)

El corazón me latía con violencia.

1. _____ (doler) _____ .
2. Los pies _____ .
3. La cabeza _____ .
4. Siempre _____ .
5. Ayer los ojos __ pero hoy no __ .
6. __ la cabeza _____ .
7. Tenía miedo de que _____ .

III
cierto o falso

1. El señor Dalí no soporta lo amarillo.
2. Le encantan los árboles.
3. Es un señor muy humilde.
4. Le interesó mucho la personalidad de Hitler.
5. Era un nazi por convicción política.
6. Los surrealistas franceses no eran nazis.
7. Él no quería que le expulsaran del grupo de los surrealistas.
8. Todavía el señor Dalí está obsesionado con la personalidad de Hitler.

IV
opiniones

1. ¿Cómo clasificaría usted este artículo? (¿irónico? ¿serio? ¿dramático? ¿religioso? ¿estúpido? ¿cómico?) Explique.
2. ¿Conoce usted la obra de Dalí? ¿de otros surrealistas? ¿Le gusta? Explique sus razones.
3. ¿Le gusta a usted soñar? ¿Sueña usted con colores? ¿Cuáles? ¿Sueña usted con paisajes parecidos a los que crea Dalí?
4. ¿Prefiere usted las pinturas de otros artistas españoles? ¿Cuáles?
5. ¿Puede usted comparar los estilos de Dalí y Picasso?
6. ¿Qué opina usted de Dalí, no como artista sino como hombre?

Luis Buñuel:
la vida y obra de un director de cine

Te recuerdan un pescado.° Sus ojos verdes, protuberantes, revelan que él nació bajo el signo de Pisces. Así es que sabes desde el principio que es un hombre imaginativo, original y algo misterioso.

Eso no es todo lo que te dicen sus ojos. Con mucho° son las facciones° más impresionantes de su cara. Y eso es exactamente como debe ser. Porque los ojos de Luis Buñuel son el eje° de su personalidad. Él recibe una impresión visual de algo, y de esta impresión construye una película° entera. La impresión puede salir de un sueño o simplemente puede ser algo o alguien que él ha visto casualmente. Pero a medida que° él examina la impresión con la mente, se enriquece. La película se despliega° tal como un capullo se vuelve en flor°.

Eres tú quien tienes que encontrar el "significado"° de una película de Buñuel. Un crítico ha confesado haber visto su primera película, *El perro andaluz*, más de cien veces y haberla entendido cada vez de otra manera. Casi podemos ver sonreír a Buñuel. Él dice que la película no tiene significado en absoluto°. Explica que él y su director adjunto, Salvador Dalí, quitaron todo lo que podía tener significado. La película es solamente una mezcla de los sueños de él y de Dalí. Aún el título sirve para despistarte°. Hay todo en la película menos° un perro y tampoco aparece Andalucía. El único propósito° de la película es escandalizarte.

Gabriel Figueroa, su fotógrafo mexicano, le llama "un hombre religioso". Pero la mayoría de los críticos europeos le consideran como medio anarquista y medio marxista. Él mismo ha confundido la cuestión todavía más con su declaración: "Todavía soy ateo, gracias a Dios." Su obra maestra de 1930, *La edad de oro*, fue prohibida en París por ser inmoral y obscena. Sin embargo, todo eso no fue por las razones que puedes imaginar.

Te...   *They remind you of a fish.*

Con...   *By far / features*

center
film

a...   *as*
se...   *unfolds*
capullo...   *a bud blooms*
meaning

en...   *at all*

throw you off the track
Hay...   *The film has everything except*
purpose

En las películas de Buñuel, todos los animales son importantes y simbólicos, tanto si son vacas como si son hormigas o mariposas.

No había ninguna sexualidad explícita en la película. Dice Buñuel: "No me gusta el erotismo superficial... las escenas de besos largos, de quitarse la ropa y todo lo demás. Eso me escandaliza. Tengo pudor.° Me pongo colorado°."

    Entonces, ¿cómo se explica por qué algunos espectadores echaron huevos podridos° a la pantalla° y cortaron las pinturas surrealistas que estaban colgadas en el teatro? Buñuel lo explica fácilmente. Era porque la película atacó "la moralidad de la clase media... la moralidad basada sobre las instituciones más injustas como la religión, la patria, la familia, la cultura, todo lo que llaman 'los pilares de la sociedad' ". Según su propia opinión, Buñuel es moralista. Pero naturalmente la moraleja° nunca es fácil de encontrar. Porque Buñuel cree que una buena película debe tener misterio, ambigüedad. Por eso no predica°. Además su sentido del humor nunca le permitiría predicar.

    Su sentido del humor, y su afición a las bromas surrealistas, se remonta° a su niñez. Hijo mayor de una familia numerosa, Luis era un genio° para

Tengo... *I am modest*

Me... *I blush*

rotten / screen

moral

preach

goes back

genius

los concursos extraños. ¿Quién podía beber la cantidad más grande de vinagre con azúcar? ¿Quién se atrevería a comer colillas° recogidas en la calle o *sandwiches* llenos de hormigas°?

    Quizás el paisaje mismo de Aragón° tiene algo que ver con el tipo de artista que produce. Pero Buñuel sólo sonríe. Dice que la gente le compara con Goya° porque Goya es el único artista español que conocen. Dice que en realidad se puede trazar una línea muy larga en su obra de influencias culturales españolas que remontan hasta la novela picaresca del siglo XVI.

    De hecho°, la vida de Buñuel en muchas maneras se parece a la vida insegura pero emocionante de un pícaro° de la época de Cervantes°. Después de sus días estudiantiles en la Universidad de Madrid, cruzó los Pirineos y se juntó con la pandilla° de surrealistas en París. Su movimiento, que tiene algunas similaridades con el movimiento de los "hippies" en los años sesenta, era una reacción al positivismo y la hipocresía que, según los jóvenes, habían producido la primera guerra mundial. Los surrealistas, que se entusiasmaron por las revelaciones de Freud pero a menudo no las entendieron, buscaron su escape en los sueños y en el lado irracional del hombre. Así esperaron encontrar la liberación.

butts

ants

region of eastern Spain

Goya (1746–1828) was also from Aragon

De... In fact

rogue / Spain's greatest novelist (1547–1616)

band

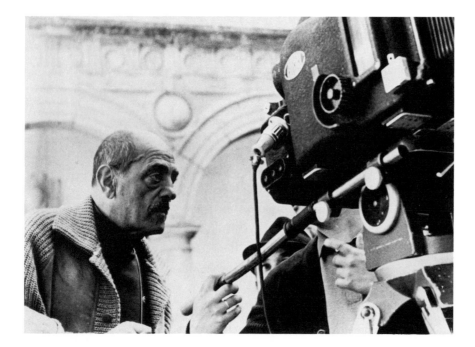

La cara de Luis Buñuel como objeto de la cámara.

En vez de la liberación Buñuel encontró en el movimiento la solidaridad de amigos que compartieron sus ideas. En aquel tiempo, lejos de ser director de cine, Buñuel era sólo boxeador aficionado y entomólogo. (Nunca ha perdido su interés por los insectos y hoy día se dice en broma que las únicas estrellas° a quienes él concede un primer plano° son las abejas° y hormigas que llenan algunas de sus películas.)

stars / primer... close-up / bees

Fue durante este período en París que Buñuel se juntó con Dalí, y con la ayuda de un préstamo° de su mamá produjo *El perro andaluz*. Ni el uno ni el otro tenían la menor idea acerca de cómo producir una película. Desde el principio *El perro andaluz* fue una improvisación. Todas sus películas dan una sensación de espontaneidad, frescura, sorpresa, desde la primera hasta la última.

loan

Buñuel es, sin duda, uno de los grandes veteranos del cine. Su última película, *Este obscuro objeto del deseo*, señala más de 50 años de actividad como director de cine. Mucho es lo que Buñuel ha aprendido desde *El perro andaluz* en cuanto a técnica, montaje°, etc. Pero sigue hoy, como ayer, fiel a su actitud básica: expresar con un lenguaje° cinematográfico lleno de sorpresas sus ideas provocativas y turbadoras°. Es decir, Buñuel hace crítica social, sátira, ironía, y se burla de una sociedad paralizada por fórmulas anticuadas y absurdas que habíamos aceptado por inercia.

editing
language
troubling

Los códigos sociales, insinúa Buñuel, son represivos e injustos. Nos llevan a tratar a los seres humanos como objetos. El mensaje° subliminal de este film es que nuestras costumbres sexuales y el terrorismo tienen mucho en común. Lo que ocurre en *Este obscuro objeto del deseo* es, desde luego, menos importante que *la manera en que Buñuel lo cuenta*. Lo que tenía que ser una agradable aventura galante° se convierte en un tormento interminable. El mundo exterior — la política, el terrorismo — se deteriora al mismo tiempo que la relación entre los dos presuntos° amantes. No puede existir un amor verdadero, te dice Buñuel, cuando las obsesiones de la sociedad convierten a la gente en muñecos° o en títeres°.

message

aventura... romance

would-be

dolls / puppets

Una vez más Buñuel es moralista. Te envía un mensaje que, como el título de esta última película, es siempre obscuro.

A. María Lorenzo

Adaptación de un artículo de *El Correo* (Asunción)

EJERCICIOS

Luis Buñuel: la vida y obra de un director de cine

I
vocabulario

A
Añada el artículo apropiado

eje	anarquista	niñez	interés
mente	marxista	paisaje	lenguaje

B
Emplee las siguientes palabras en frases, probando que usted entiende sus significados.

moralidad	recordar	pudor
moraleja	acordarse	propósito
moralista		

C
Emplee las siguientes expresiones, probando que usted entiende sus significados.

a medida que	de hecho	tener pudor
en cuanto a	tener algo que ver	tal como

II
preguntas

1. ¿Cuáles son las facciones más impresionantes de la cara de Buñuel?
2. Explique la manera de trabajar de Luis Buñuel.
3. ¿Cuál es el significado de *El perro andaluz*?
4. ¿Quién le ayudó a dirigirla?
5. ¿Por qué fue prohibida su *Edad de oro* según las autoridades francesas y según Buñuel mismo?
6. ¿Qué anécdotas recuerda usted de la juventud de Buñuel?
7. ¿Cuál es la actitud de Buñuel frente al erotismo?
8. ¿Con qué movimiento reciente tiene semejanza el surrealismo?
9. Aparte del cine, ¿cuál es el otro gran interés de Buñuel?
10. ¿Cómo se llama su última película?
11. ¿Qué insinúa acerca de nuestras costumbres sexuales y el terrorismo?
12. ¿Ha visto usted alguna película de Buñuel? ¿Puede usted comentarla?

III
opiniones

1. ¿Por qué tiene usted ganas (o no tiene ganas) de ver una película de Buñuel?
2. Compare usted a Buñuel con otro gran director de cine, tal como Ingmar Bergman.

CARLOS PÁEZ VILARÓ Y SU CASAPUEBLO

por *María Growel*

"La pintura es parte de mi vida. Sin embargo, no me siento pintor... más bien me considero un hacedor de cosas", dice Carlos Páez Vilaró, el famoso artista uruguayo° que ha fundado° el "Museo de Arte Moderno" de su país y cuyas obras decoran lugares tan disímiles como el edificio de la Unión Panamericana en Washington, D.C.; el leprosorio del Dr. Albert Schweitzer, en África; y la cabaña del actor Marlon Brando, su amigo personal, en Tahití. Sus trabajos están ampliamente difundidos° en toda la América Latina, sobre todo formando parte de colecciones privadas. Y aunque los premios° le preocupan° poco, los ha ganado en la VIII Bienal de San Pablo (Brasil), en la Bienal Internacional de Artes Aplicadas de Punta del Este (Uruguay) así como en el Salón de Bellas Artes de su país, donde obtuvo un primer premio como ilustrador con su libro de dibujos° "Circo"°.

Uruguayan / founded

exhibited

prizes / worry

sketches, drawings
Circus

Carlos Páez Vilaró

Una casa fantástica, un mundo aparte

Hace más de quince años, con la ayuda de su hermano Miguel y de varios amigos argentinos, Páez Vilaró compró los terrenos° para la construcción de su fantástica casa, de paredes blancas y estilo mediterráneo, que hoy se alza° sobre el lomo rocoso° de Punta Ballena, no lejos del balneario° Punta del Este en el Uruguay. Con el fin de reunir el dinero necesario para contratar una cuadrilla° de obreros que comenzara la edificación, tuvo entonces que vender cuadros, cerámicas y libros por debajo de su verdadero valor. Tanto él como los trabajadores comían al aire libre y trabajaban sin cesar.

"Mi plan de trabajo", recuerda el artista, "dependía de mi estado de ánimo°, ya que yo tomaba la obra como una escultura para vivir y no le daba importancia de arquitectura. Estaba dispuesto a levantar la casa sin planos, contra la línea recta y sin plomada°. Por otra parte yo sólo quería que el operario levantara la pared, sin cuidado. Luego pasaría mi mano, arreglando o desarreglando la mezcla° con un guante de goma° que creé, de manera que cada trozo de pared hablara por sí solo, como sucede con la cerámica cuando la levanta en bruto° el alfarero°."

La residencia ha sido bautizada por Carlos Páez Vilaró con el nombre de "Casapueblo" y está atravesada° por increíbles túneles y pasajes°. El artista afirma que la construyó porque necesitaba "un gran baúl° para guardar mi vida y mis cosas". La impresión que se recibe al contemplarla es la de un barco en plena navegación, a causa de su abrupto descenso por los acantilados°, hasta llegar al mar. Tiene cinco plantas°, piscina°, solarium y un bar con tallas° africanas que Páez Vilaró ha coleccionado en sus muchos viajes. Además de albergar° una exposición permanente abierta al público, cobija° también pareos° tahitianos, una magnífica colección de esculturas y máscaras africanas, dos afiches° y varios platos de cerámica firmados por Pablo Picasso, de quien Páez Vilaró era un buen amigo. En la zona de los dormitorios, un pasadizo° interno con huecos° en las paredes atesora casi cinco mil libros y recuerdos° africanos.

"Hice una casa grande para caminarla°", explica el artista. "Lo suficiente como para no estar ni sentirme solo, porque los inviernos son largos en esta costa. De ahí que me favorezco con el entretenimiento° que supone andar por sus calles o pasajes a la manera que un niño lo haría en una ciudad en miniatura."

lots

se... rises / lomo... rocky slope / spa

team of four or more

estado... frame of mind

contra... without straight lines and without a plumb line

mixture / rubber

en... in a rough state / potter

crossed / passageways
trunk

escarpment, cliffs / floors / swimming pool
carvings
to house
shelters / garments (Tahitian word)
posters

passage / hollows
souvenirs

to walk through it

amusement

Páez Vilaró no está solo en su residencia, se halla siempre rodeado° de juventud. Además de sus dos hijas — Mercedes Páez Vilaró, de trece años y Magdalena de dieciséis — y de su hijo — Carlos Miguel, de diecisiete — cada verano viven en la casa entre quince y veinte jóvenes que creen en él y lo admiran. Acarrean° ladrillos para ayudar a construirla, guían° a los visitantes y disfrutan del paisaje°. "Creo que lo más importante es ser sincero consigo mismo", afirma el artista.

Cuando habla de arte, lo hace con optimismo y sinceridad: "No creo que la pintura haya muerto, sino que el arte pasa por etapas° en que se buscan otras manifestaciones. Personalmente, me siento más cerca de un niño que hace aeromodelismo que de un pintor frente al caballete°..."

Carlos Páez Vilaró es un hombre activo y, mientras descansa en su taller° acariciando° a su perrita salchicha°, junto a una chimenea° de bronce repujada° por él, piensa en sus planes para el futuro inmediato. Pronto hará un viaje a San Pablo, Brasil, donde además de pintar los murales del Hotel Hilton, expondrá° en el Museo de Arte Moderno. Después

surrounded

carry / guide
disfrutan... enjoy the landscape

stages

easel

workshop / petting / perrita... Dachshund / fireplace
embossed

will exhibit

volverá a exponer a la Argentina. Luego, cuando finalice el verano uru-
guayo, tiene preparado un extenso recorrido° por toda América que quizá   *trip*
se extienda hasta los Estados Unidos. Parece satisfecho de todo lo que ha
logrado° y experimentado°. Su actitud ante la vida la resume él mismo con   *achieved / tried*
palabras sencillas: "Pienso que nunca podré saldar mi deuda° con la vida.   *debt*
Porque me dio la oportunidad de encontrar en el arte y la creación una
excusa para hallar la manera de vivirla."

Adaptación de un artículo de *Buenhogar* (Miami)

EJERCICIOS   *Carlos Páez Vilaró y su casapueblo*

I
preguntas

1. ¿Qué es lo que se considera a sí mismo Carlos Páez Vilaró?
2. ¿Qué nacionalidad tiene el artista?
3. ¿Recuerda usted los nombres de algunos de sus amigos célebres?
4. ¿En qué ramos (*branches*) del arte trabaja Vilaró (por ejemplo, la pintura)?
5. ¿Dónde está su famosa casa?
6. ¿Cuál era la actitud del artista frente a su casa?
7. ¿Cuál es la impresión que se recibe al contemplar la casa, y por qué sucede así?
8. Mencione algunas de las obras de arte albergadas dentro de la casa.
9. Aparte de su apariencia desde fuera, ¿qué aspecto de su construcción es sobresaliente (*outstanding*)?
10. ¿Quiénes viven en la casa?
11. ¿Cuál era el propósito del artista al construir una casa tan poco tradicional?

II
opiniones

1. ¿Ha soñado usted alguna vez con construir una casa parecida a la de Vilaró? Si no, explíquenos su visión de la casa ideal.
2. ¿Cree usted que más de una familia debe vivir en una casa particular (*private*)? ¿Cree usted que la familia puede incluir abuelos, amigos u otros parientes?
3. ¿Cuáles son las desventajas de la mayoría de las casas que usted conoce? ¿Ha pensado usted en una manera de superar (*overcome*) estos defectos?

15   LA LECTURA

Un libro, se dice, es el mejor amigo. No todos los libros son iguales: algunos son sublimes, otros son meramente ridículos. La juventud de los países de habla española lee, naturalmente, muchas obras escritas originalmente en español, como las de García Lorca. Pero — y posiblemente en este aspecto es más cosmopolita, más internacional que la juventud norteamericana — lee también obras que fueron escritas en inglés, en francés, en otros idiomas, y traducidas después al castellano. No hay libro, dijo Cervantes, que sea totalmente malo. El éxito de algunos libros mediocres parece justificar esta afirmación. Buenos, mediocres o malos, los libros y las revistas son parte indispensable de nuestra cultura; sin ellos nos sentiríamos desnudos°, ignorantes, incapaces de corregir nuestros errores o de ensanchar° nuestros horizontes.

naked / to broaden

OFICIO DE PERIODISTA
POR QUÉ Y CÓMO ESCRIBO

por *Alberto Baeza Flores*

Mi primera crónica fue muy simple. No contenía ningún verbo ni adjetivos, ni adverbios, ni preposiciones. Su estilo descansaba en nombres y artículos. Nada más. La escribí en mi primer viaje a lo largo de la costa norte chilena. Tendría unos cinco o seis años y mi caligrafía° era — naturalmente — la del niño que recién se asoma° al idioma escrito. Una tía me regaló una pequeña libretita y ese fue mi primer material periodístico.

handwriting

se... makes contact with

Desde ese asomo a la vida hasta mi otoño en invierno de ahora, he andado siempre con libretas de bolsillo. Y es posible que muera con una libreta de bolsillo cerca de la mano. La vida que nos corresponde vivir a cada uno, a todos, es una gran crónica y en cierto modo somos los cronistas de ella. Lo que he escrito en poesía, en narración, en teatro, en ensayo, en el quehacer° periodístico, es la crónica de lo que he visto, de lo que he vivido, de lo que he pensado, de lo que he soñado y de lo que quisiera vivir.

tasks

Mi estreno° como periodista ocurrió ocupando todos los cargos° a que se puede aspirar en un periódico serio: fui a la vez reportero y director, administrador y dibujante°, vendedor y agente de relaciones públicas, además de confeccionador° del periódico. Esto ocurrió cuando tenía diez años y titulé al periódico *El Día*. Aparecieron varios números. Era caligrafiado y sus secciones — desde el editorial hasta los anuncios económicos — se referían a lo que sucedía en mi hogar° y a mi familia, en Santiago de Chile.

debut / positions

artist or cartoonist
publisher

home

Alberto Baeza Flores

Este año he sido honrado con el premio con que Costa Rica, desde hace
cinco años, distingue a la creación literaria. Mi libro, de diez años de investigación literaria y unas quinientas páginas, es una crónica de la poesía
costarricense desde 1574 hasta 1977. A mis amigos escritores he confesado
que debo a mi labor como periodista gran parte de lo que he podido hacer
en los diversos géneros literarios. En mi pasaporte dice, simplemente: Profesión: Periodista. Ha sido la profesión de mi vida. Las otras son paralelas.

El día que se apague° mi curiosidad por la vida y todo lo que existe y todo   *is extinguished*
lo que sucede, habré dejado de ser periodista y habré muerto. El periodista
es el ser curioso por excelencia. Escribir es, en cierto modo, curiosear dentro de sí mismo y dentro de la vida, y comunicar esos hallazgos° a través   *findings*
de un lenguaje participable, comprensible por los demás, sin que dejemos
de ser individualidades.

¿Cómo escribo? El pensamiento, el sentimiento son antenas, son radares.
Creo en la razón, pero estimo que la intuición es un medio de conocimiento
importante. Hablé de mis libretas de bolsillo, tan útiles. Tanto como ellas,
me han servido mis archivos que son la expresión de mi curiosidad humana.
Los temas están en todas partes y, a veces, es un asunto de selección.

Quisiera decir que el periodista debe ser disciplinado, ya entreviste° a un boxeador, a una estrella de cine o a un poeta. Todo esto me ha entretenido° mucho, y si a uno le pagan por ejercer su vocación de cronista, de reportero, de articulista, quiere decir que la vida tiene aspectos maravillosos. Los premios o distinciones sólo son una prueba de amabilidad de los otros seres humanos hacia nuestra labor espontánea. No debemos envanecernos°. Somos como cualquier otro ser, y es tan importante una expansión en la galaxia como un disgusto hogareño°.

he may interview

entertained

become vain

disgusto... family problem

Otra cosa, y ya final. Siempre me he considerado un aprendiz° de periodista, un aprendiz de escritor. Lo que más me incomoda es la petulancia, la pedantería. La vida es muy breve y lo que podemos aprender es inmenso. No alcanza una vida humana°. Y, algo más: aprender a escribir es labor de una vida entera. Creo que cuando me llegue la muerte pediré un diccionario. En los filmes y narraciones sobre el Oeste norteamericano, el "cowboy" recurre al revolver. Nuestra mejor arma, como periodistas, es el diccionario.

apprentice

No... A human lifetime is not enough

Artículo de *Opiniones Latinoamericanas* (Florida)

Es tan importante una expansión en la galaxia como un disgusto hogareño.

EJERCICIOS   *Oficio de periodista*

I
vocabulario

Busque en el artículo para recordar los substantivos o frases relacionados con los verbos siguientes.

morir   /   **la muerte**
              el muerto

escribir   /   **el escritor**

confeccionar	sentir
dibujar	anunciar
asomarse	curiosear
aprender	estrenar
honrar	vender

II
preguntas

1. ¿Cuántos años tendría Baeza Flores cuando escribió su primera crónica?
2. ¿En qué país nació?
3. ¿Cuáles son las herramientas (*tools*) más útiles para los periodistas?
4. ¿Por qué a Baeza Flores le encanta ser periodista?
5. ¿Cuál es la cualidad más importante para ser buen periodista?
6. Describa usted la personalidad de Baeza Flores, tal como se ve en este artículo.

III
opiniones

1. ¿A usted también le gustaría ser periodista? Explique sus razones.
2. ¿Cuál es la parte (o partes) del periódico que más le gusta leer? ¿Por qué?
3. Explique por qué le gusta o no le gusta este ensayo.
4. ¿Cuál de los siguientes prefiere usted leer: libros, periódicos, revistas? Explique.

IV
proyectos

1. Escriba un artículo periodístico en español acerca de algo que sucedió hoy en la escuela o en su vida personal.
2. Hágale una entrevista a otra persona en su clase de español. (Ésta se puede hacer oralmente, haciéndole las preguntas y recibiendo las respuestas en la clase misma o como tarea que un estudiante presentará por escrito.)

Presencia de García Lorca

por *Rafael Vázquez Zamora*

García Lorca (Retrato de Gregorio Prieto)

Federico García Lorca, desde que fue asesinado en la Guerra Civil española, tiene una presencia en muchos millones de lectores aún más viva que cuando escribía sus admirables poemas y sus bellos dramas, recitaba, sonreía, cantaba, tocaba el piano, dibujaba tan caprichosamente° y era, como una vez le oí decir a Jorge Guillén[1], "poeta por los cuatro costados"°.

whimsically

por... through and through

Paradójicamente, la muerte trágica le dio más vida a su figura, lo que siempre pasa con los creadores excepcionales. Bien sabida es la inmensa difusión° que ha tenido su obra en el mundo.

influence

En España, sin embargo, pasaron más de veinte años sin que se representaran las obras teatrales de Lorca, aunque siempre había manera de leer sus poesías, y en 1954 se publicaron en Aguilar sus *Obras completas*.

---

[1] Jorge Guillén is a famous Spanish lyrical poet (b. 1893) who was a friend of Lorca's.

Dice José Monleón en su introducción a la reciente edición de *Bodas de sangre:* "A los presumibles problemas iniciales se agregó° pronto la actitud de la familia, que autoriza la representación de sus obras en el extranjero° pero se niega° a permitirlo en los escenarios° españoles". Afortunadamente estos problemas iniciales se han diluido y grandes escritores españoles han sido recuperados para la cultura nacional. Es decir, el público tenía tal interés por ellos, muertos o vivos, que apartárselos° era contraproducente.

se... *was added*

en... *abroad* / se... *refuses* / *stages*

to suppress them

De gran interés en esta introducción de Monleón es todo lo referente a "La Barraca"[2], el eficacísimo experimento teatral del que era alma° Lorca. Sin abandonar su obra en marcha°, Federico iba ya camino° de convertirse en un extraordinario director de escena.

soul

en... *in progress* / iba... *was on the way*

No se me olvidará cuando estaba él preparando funciones de "La Barraca" en la Universidad de verano de Santander. Si no recuerdo mal vi allí una escenificación° por aquel grupo de jóvenes entusiastas dirigidos por

staging

---

[2] "La Barraca" was the mobile theatre founded by Lorca and run largely by students that gave presentations all over rural Spain.

Una escena de la obra maestra de Lorca, *La casa de Bernarda Alba*, presentada en Nueva York por el Repertorio Español.

Federico, del trágico poema "La tierra de Alvargonzález" de Antonio Machado y unos entremeses° de Cervantes. ¡Qué pasión tenía por el teatro y por hacerlo llegar al pueblo!

interludes

Él amaba sobre todas las cosas la pobreza, pero no "la pobreza sórdida y hambrienta sino la pobreza bienaventurada°, simple, humilde, como el pan moreno". Es decir, la pobreza que no desquicia° el arte. Ve José Monleón muy acertadamente° amplias facetas de la personalidad lorquiana°; y es lástima que el poeta no tuviese tiempo de dar suficiente forma, unidad y orientación a sus ideas sobre realización teatral, el teatro como educador de las masas y placer de éstas. Cuando mataron a Lorca en 36 se puede añadir que también dieron muerte a las mejores esperanzas del teatro español de toda una época.

blissful
undermine
accurately / of Lorca

Adaptación de un artículo de *Destino* (Barcelona)

EJERCICIOS *Presencia de García Lorca*

I
vocabulario

A

Forme a base de los substantivos siguientes (1) adjetivos y (2) adverbios. Emplee los adverbios en frases, demostrando que usted entiende sus significados.

admiración / **admirable; admirablemente**
Lorca recitaba sus poemas admirablemente.

capricho   paradoja   fortuna   pobreza

B

Damos una lista de substantivos abstractos. Dé el nombre de las personas que representan estas actitudes. Emplee la palabra en una frase.

entusiasmo / **los entusiastas**
Mis padres son entusiastas del teatro.

comunismo   anarquismo   purismo   pesimismo   optimismo

II

gramática

A

Emplee el verbo **negarse a** (*to refuse*) o el verbo **negar** (*to deny*) en estas frases.

1. El muchacho _niega_ que lo haya hecho.   *pres. subj.*
2. La familia _se niega_ autorizar la publicación de sus obras.
3. Si nos reprueban, vamos a _____ la verdad.
4. _Negaron_ que vinieran ayer.
5. Ella siempre _se niega_ permitir la representación de *Bodas de sangre*.
6. Debemos _negar_ que aquí se representara una obra de Lorca.
7. Lorca siempre _se negaba_ representar la pobreza sórdida.

B

Sustituya el verbo en paréntesis en su forma correcta.

Pasaron más de diez años sin que se representaran las obras de Lorca.

sub.
1. Pasaron diez años sin que (leerse) _se leyeran_ las obras de Lorca.
2. Han pasado quince años sin que (verse) las obras de Lorca.
3. Pasaron tres meses sin que (comentarse) las obras de Lorca.
4. Pasarían doce semanas sin que (mostrarse) las obras de Lorca.
5. Pasó un año sin que (representarse) *Bodas de sangre*.   *sub*
6. Pasaron tres años sin que (verse) _se vieran / se representaran_ *Bodas de sangre*.   *sub*
future 7. Pasarán tres años sin que (representarse) esta obra.
8. Pasan diez meses sin que (comentarse) este problema.

C

Haga las sustituciones necesarias.

Una vez yo le oí decir a Guillén que Lorca era poeta por los cuatro costados.

1. Una vez tú _____.
2. Una vez él _____.
3. Muchas veces ustedes _____.
4. Muchas veces ellos _____.
5. Siempre nosotros _____ (mencionar) _____.
6. Hoy he oído _____.
7. Nunca _____.

III

preguntas

1. Aparte de escribir poesía y obras de teatro, ¿qué más sabía hacer Lorca?
2. ¿Por qué no se representaron sus obras teatrales en España durante más de veinte años?
3. ¿Qué era "La Barraca"?
4. ¿Qué clase de pobreza amaba Lorca?
5. ¿Ha visto usted en el teatro o en la televisión alguna obra de Lorca? ¿Cuál era? ¿Puede usted decirnos algo acerca de esta obra?

México, me caes bien°

me... *I like you a lot*

por *J. Montelongo*

"Lo más triste es que nosotros los niños no tomamos parte en asuntos° *matters* importantes y lo que se siente más es que no saben si nosotros estamos de acuerdo, ésta es la triste y desmoralizante historia de los niños de cualquier país, no saben si queremos más bombas, no saben si queremos esto o lo otro, aquí en México desearía yo que se realizaran juntas° con los niños *meetings* para saber si estamos de acuerdo con algo o no".

Esto ha sido escrito por una niña michoacana° de 12 años de edad. *from Michoacán, a Mexican state* Forma parte de las 20,000 colaboraciones literarias que se recogieron° entre *were assembled* los escolares° de gran parte del país para realizar un proyecto° en que, por *students / project* primera vez, se ha dejado a los niños mexicanos expresar lo que opinan acerca de su vida y la vida nacional: *México visto por sus niños,* un bello libro de reciente publicación.

También los niños planean nuestro futuro.

A continuación se reproducen algunas de las frases más notables:

"... por eso creo que los dioses aztecas están vivos, porque nuestros antepasados° los sembraron° en la tierra como a semillitas° de maíz. Y yo creo que somos como flores, retoñitos° de nuestros antepasados".

forefathers / sowed / little seeds
little sprouts

"Yo no sé si de veras° don Maximiliano[1] era tan malo como decía Juárez porque no siempre es cierto lo que nos dicen de la historia".

de... truly

"En construcción constante, ponen puentes y después los quitan, abren calles y después las cierran; te quiero México como estés, me caes bien".

"El sol ya no brilla en las mañanas
el smog le quita las ganas°
los camiones no dejan de humear°
sobre todo los delfines[2] ya se van a desinflar"°.

le... takes away the (sun's) will (to shine)
smoke
collapse

"Después de todo, prefiero vivir en la ciudad llena de smog a un pueblo en donde no hay ni agua".

"El Cielo: ¡Uf! Lleno de smog, al rato ya ni cielo va a haber° y los ángeles ¿a dónde irán?"

al... there soon won't even be a sky

"A mi abuelito le da mucho coraje° que el gobierno les dé tractores a los campesinos, porque él dice que un campesino trabaja solo, en el campo, y que él platicaba con los bueyes de su yunta°. Ahora ni modo de platicar con los tractores, no oyen".

A... it makes my grandfather angry
él... he used to talk to the oxen under his yoke

"Yo creo que todo es igual que antes, porque antes los españoles nos quitaban el oro. Y ahora los gringos se llevan nuestro petróleo".

"Pido a mi edad, que todos los habitantes del mundo y nuestro México en especial, nos viéramos como verdaderos hermanos, que no existieran discriminaciones entre los pueblos, que no haya guerras entre los países más grandes del mundo, porque esto sería una verdadera hecatombe° y a la vez el fin del planeta Tierra".

holocaust

El dibujo de un niño con un manojo° de globos° y una sonrisa monumental cierra esta magnífica edición.

bunch / balloons

Adaptación de un artículo de *Contenido* (ciudad de México)

---

[1] Maximilian, a Habsburg prince, brought to power by the intervention of a French army, became briefly Emperor of Mexico (1864–1867). Although well-intentioned and relatively forward-looking in his ideas, he was overthrown (and executed) by the legitimate President, Benito Juárez.

[2] Huge buses vaguely shaped like a dolphin.

EJERCICIOS

México, me caes bien

I
vocabulario

A

Encuentre los substantivos escondidos en los verbos siguientes.

expresar	continuar	publicar	saber
proyectar	reproducir	acordarse	enfermar
opinar	construir	caer	felicitar

B

Dé el verbo sugerido por los siguientes nombres.

el deseo   /   **desear**

la realización	la nota	el humo
la transportación	la expresión	la matanza
la preferencia	la pelea	la importancia
el brillo		

C

Exprese la misma idea, utilizando los siguientes modismos: **estar de acuerdo con, no dejar de, darle coraje a uno, darse cuenta, tomar parte.**

1. Mi abuelo *se enfada* porque el gobierno no le paga.
2. Los camiones *siguen humeando.*
3. *¿Opinas igual que* tu padre?
4. *Entendemos* que la vida es difícil.
5. *Me da mucha rabia* cuando pierdo mi billetera (*billfold*).
6. Vamos a *participar* en el asunto más importante.

D

Buscando en el texto, dé el *antónimo* de las palabras siguientes. Emplee cada una en una frase.

callarse   /   **platicar**
Platicamos cada día.

regalar	alto	principio	triste	nacer	cobarde

II
preguntas

1. Ponga usted las mayúsculas (*capital letters*) y los puntos (*periods*) que faltan en el primer párrafo.
2. ¿Por qué faltan las mayúsculas y los puntos aquí?
3. ¿Quién escribió el párrafo?

16   LOS MUNDOS DEL MÁS ALLÁ

Los textos que reunimos a continuación parecen, a primera vista, no tener mucho en común. ¿Qué es lo que une a un congreso de especialistas en ciencias ocultas, y un informe — estrictamente contemporáneo — sobre objetos voladores no identificados?°

objetos... *U.F.O.s*

La coexistencia de estos dos textos se debe en gran parte a que se refieren a una sensibilidad común, mucho más desarollada hoy que hace algunos años, frente a un tipo de problema (o un tipo de pregunta, o una categoría de enigmas y misterios). Lo podemos resumir en una sola frase: "los mundos del más allá" — o sea, todo lo que escapa a las explicaciones estrictamente racionales, lógicas y científicas. Es cierto que somos todos hijos y herederos de una cultura occidental que, a partir del Renacimiento, y más intensamente en los últimos tres siglos, ha cultivado intensamente, y con éxito, las matemáticas, la física, todas las ciencias. Pero la ciencia, al resolver un problema, crea o suscita otros muchos. Los enigmas no desaparecen; se desplazan°. Es como si, de noche, fuéramos recorriendo una larga y sinuosa carretera. Los faros° del automóvil iluminan el camino. Pero si miramos a derecha e izquierda nos parece que las sombras se hacen más densas, misteriosas y amenazadoras. El futuro, que antes parecía prometedor, se dibuja frente a nosotros revestido también de nieblas y paisajes° sombríos. El sueño de la razón, decía el gran pintor Goya, engendra monstruos. Los ocultistas, y los observadores que se esfuerzan por identificar en el espacio de la noche un objeto desconocido, comparten° una misma compleja emoción, hecha de angustia, temor, y — también sin duda — un poco de esperanza.

are displaced

headlights

landscapes

share

Cartas del Tarot: As de Oros, Colgado, la Rueda de la Fortuna, el Bufón

As de Oros   *Ace of Pentacles*
colgado   *hanged man*

Festival de ocultistas

por *George Simor*

¿Es usted psíquico°? ¿Tiene usted premoniciones que después resultan cier-   *psychic*
tas? ¿O sólo quiere usted divertirse enterándose° de lo curioso? De todas   *finding out*
maneras quizás usted asistió al reciente Festival de Ocultistas en la ciudad
de Nueva York. Aquí los ocultistas reunidos° (numerólogos, astrólogos,   *gathered together*
lectores de cartas, palmistas y médiums) esperaban unas 500 personas.
Pero acudieron° más de 900. Sentados en pequeñas mesas, todos ofrecieron   *attended*
sus servicios al público, a menudo sin cobrar°. Su grupo, que se llama   *charge*
"*Innervision*" en inglés o "Visión Interna", se formó en 1964. Su presi-
denta, la señorita Vera S. Johnson, explicó los motivos de los fundadores°:   *founders*
"Cuando todo el mundo hablaba de la exploración espacial, nosotros nos

concentrábamos en el descubrimiento de nuestro espacio interior, nuestras almas°, el mundo secreto que hay dentro de cada ser humano°".

souls / ser... human being

Para facilitar el conocimiento de las ciencias ocultas, de este festival surgió° la decisión de dar cursos sobre todas las especialidades de los miembros. De tal manera que hoy se puede estudiar por muy poco dinero (35 dólares) un curso de cuatro meses sobre astrología, percepción extra-sensorial, numerología, análisis de las manos, grafología, magia° blanca y magia negra.

arose

magic

¿Hay que tener facultades especiales para seguir estos cursos? Según la presidenta todos las tenemos; hasta los animales las tienen. Pero nos hemos acostumbrado a convivir con nuestras capacidades de este tipo, y por eso no las reconocemos. Lo que otros llaman instinto en los animales — la capacidad que tienen para encontrar el camino a sus casas desde grandes distancias — ella lo considera como habilidad psíquica. Y afirma que esta capacidad básica puede ser desarrollada.

Aparte de los curiosos, entre el público del festival habían muchos que contaron experiencias psíquicas que eran impresionantes. Una de éstas era la señorita Dalma Baltazar, de 23 años, que vino de Santo Domingo a los Estados Unidos hace 10 años. La señorita Baltazar, que piensa graduarse como psicóloga el año próximo, espera realizar° estrictas investigaciones en el campo de los fenómenos extra-sensoriales y el ocultismo. (Hay en los Estados Unidos universidades que se dedican muy seriamente a esas investigaciones, y que poseen laboratorios especiales para realizar las mismas. Entre ellas, la más destacada° ha sido Duke.) La señorita Baltazar piensa hacer un buen aporte° a estos estudios. Y puede hacerlo porque no es estrictamente una creyente° en los fenómenos ocultistas. Sólo está muy interesada en ese tema.

to perform

outstanding
contribution
believer

La señorita Baltazar es como muchas personas hoy día que sin ser creyentes del todo° se fascinan por las ciencias ocultas. ¿Por qué? Es fácil adivinar°. Porque es propio, históricamente, de los tiempos de grandes crisis y cambios; y porque además, ¿quién, allá en el fondo hasta de su más escéptico ser, no piensa que "hay algo"? Y este "algo" resulta atractivo y entretenido° de explorar.

entirely
to guess

entertaining

Adaptación de un artículo de *Vanidades Continental* (ciudad de Panamá)

EJERCICIOS

Festival de ocultistas

I
vocabulario

Guiándose por el vocabulario del ensayo, escriba la palabra que complete cada frase.

1. Una película u otro espectáculo que nos divierte es un pasatiempo _____.
2. Las personas que se ocupan de lo oculto se llaman _____.
3. Si somos personas religiosas nos preocupan mucho nuestras _____.
4. Una persona o un lugar famoso también es _____.
5. Una persona que cree en algo es un _____.
6. En los laboratorios _____ investigaciones científicas.

II
preguntas

1. ¿Dónde se celebró el reciente Festival de Ocultistas?
2. ¿Cuántas personas acudieron al festival?
3. ¿Cuál es uno de los propósitos del grupo que se llama "Visión Interna"?
4. Mencione algunos cursos que se pueden estudiar bajo la dirección de algunos de los miembros del grupo.
5. ¿Cuánto cobran por cada curso?
6. Según la presidenta, ¿por qué no reconocemos nuestras capacidades psíquicas?
7. ¿Cómo se llama la capacidad psíquica de los animales?
8. ¿Desde cuándo ha vivido en los Estados Unidos la señorita Baltazar?
9. ¿Cuál es la universidad en los Estados Unidos que ha dado más importancia a estudios e investigaciones de lo oculto?
10. ¿Por qué está capacitada la señorita Baltazar para hacer un buen aporte a estos estudios?
11. Según el escritor del artículo, ¿por qué se interesa tanta gente por las ciencias ocultas?

III
opiniones

1. ¿Cree usted en los fenómenos ocultos? Si no, ¿por qué? Si usted cree, ¿puede explicarnos sus razones o contarnos algunas experiencias psíquicas que ha tenido?
2. De todas las ciencias ocultas, ¿cuál le parece más útil: la astrología, la percepción extra-sensorial, la telepatía, el análisis de las manos, la magia blanca o negra?

Los OVNIS° vuelan sobre España: un informe secreto y oficial sobre los platillos voladores°

objetos voladores no identificados

platillos... *flying saucers*

por *Telmo de Lorenzo*

LAS PALMAS, ISLAS CANARIAS. — Una vez más nuestro corresponsal° en Tenerife nos comunica que varios OVNIS fueron observados hacia la una de la madrugada° del pasado martes. Sobrevolaron la costa en formación triangular y después se alejaron° rápidamente en dirección oeste.

No es ésta, desde luego, la primera vez que los OVNIS visitan nuestros cielos. Los lectores recordarán sin duda que en 1978 varios empleados del centro emisor de Televisión Española en Tenerife observaron un fenómeno quizá todavía más curioso y extraordinario que el que hemos mencionado antes: vieron cómo una extraña mancha° roja cubría gran parte de la superficie del mar, y daba luego origen a una gran burbuja° de un material blanco y luminoso, que se condensaba después para tomar la forma semi-

correspondent

morning
went off

spot
bubble

esférica característica de los platillos voladores y se elevaba rápidamente hasta perderse de vista.

Estos últimos meses se han señalado fenómenos atmosféricos probablemente atribuibles a OVNIS en varios puntos del territorio de España y Portugal: sobre los Pirineos, en el Estrecho de Gibraltar, y al oeste de Lisboa. Todos los informes coinciden en señalar la gran luminosidad de los objetos, su velocidad extraordinaria, y su habilidad para cambiar de dirección con rapidez. Algunos de los testigos° poseían conocimientos especiales de meteorología y uno de ellos era piloto en una compañía de aviación portuguesa, lo cual hace sus observaciones más dignas de confianza que las de personas no expertas.

Todo nos lleva a creer que este año la actividad de los OVNIS sobrepasará considerablemente la de años anteriores. No es posible dar una explicación de estas fluctuaciones, pero sí constatar° que los OVNIS parecen presentarse en oleadas°, mucho más abundantes ciertos años. Hemos conseguido algunos datos estadísticos norteamericanos que respaldan° esta afirmación: los OVNIS parecen preferir ciertas épocas del año, y ciertos años, para efectuar sus apariciones. Así, por ejemplo, en 1947, el primer año en que empezaron a observarse estos inexplicables fenómenos, el número de OVNIS observados (según el informe de la Fuerza Aérea Norteamericana, que abarca° 17 años, de 1947 a 1964) fue de 79; pero en 1952 llegaba a 1.501, para descender después: en 1956 era de 778; pero en cambio al siguiente año llegaba a 1.178.

En cuanto a preferencias geográficas, también parecen variar de un año a otro. Así, por ejemplo, en estos últimos años han sido más abundantes los fenómenos de este tipo en el hemisferio sur de la tierra, y especialmente en Australia, donde se consiguió filmar un OVNI muy brillante y rápido, cuya trayectoria en zigzag no se parecía ni remotamente a la manera en que se desplaza° un avión; este film, que muchos hemos visto en la televisión, ha contribuido poderosamente a que muchos escépticos se dieran cuenta por primera vez de que nos hallamos frente a fenómenos importantes, decisivos quizá para el porvenir de la humanidad, y en todo caso dignos de ser investigados.

Sabemos desde hace algún tiempo que el Gobierno español posee un archivo secreto en el que se guardan no solamente todos los datos e infor-

witnesses

sí... it is evident

waves

support

includes

se... moves

maciones relativos a los OVNIS que han sido observados en los cielos de España, sino también — y esto es lo más interesante — la evaluación de estas observaciones, llevada a cabo° por un grupo de expertos entre los cuales se encuentran meteorólogos, jefes de las secciones de radar de la Fuerza Aérea Española, y psicólogos. (Estos últimos desempeñan° un papel° de gran importancia, ya que no cabe duda de que muchas de las observaciones de OVNIS contienen elementos subjetivos, y que hay que "observar al observador" en forma científica para poder comprender el alcance° y la validez de sus observaciones.)

Los expertos oficiales someten cada informe a las pruebas más rigurosas, tratando en cada caso de identificar el objeto descrito con algún fenómeno del mundo natural que haya podido producirse al mismo tiempo. Entre estos fenómenos naturales se encuentran los siguientes: meteoros de gran brillantez; globos° meteorológicos que reflejan la luz solar y que, debido a las corrientes de la parte más alta de la atmósfera, se desplazan a veces a gran velocidad; objetos terrestres o celestiales vistos en condiciones especiales meteorológicas que producen espejismos°, distorsionan el color o la forma y crean ilusión de movimiento. En especial hay un fenómeno eléctrico, mal estudiado todavía, que es el relámpago° "de bola": en lugar de desplazarse verticalmente con su característica forma en zigzag, la electricidad parece concentrarse en un solo punto y producir una esfera brillante. Muchos observadores, incluso expertos en aviación o meteorología, pueden haber sido testigos, simplemente, de este fenómeno atmosférico.

Por otra parte, los psicólogos, en su análisis de los hechos observados, tienen en cuenta° otros datos igualmente importantes: la estabilidad mental de los testigos, su historia médica, la posibilidad de alucinaciones, el estado de la vista y el oído de los testigos, y otros factores relativos a la personalidad de dichos testigos. Pues no cabe duda de que — como no ignoran todos los que han estudiado psicología — ser buen testigo es algo muy difícil; muchos testigos "ven" lo que quieren ver, conscientemente o no. Y el inmenso interés despertado por los OVNIS proviene, en parte por lo menos, de este hecho curioso, que merece también nuestra atención: inconscientemente, muchos hombres y mujeres desean que la tierra sea visitada por seres ultraterrestres, y cada observación de un OVNI refuerza la posibilidad de que no estamos solos en el espacio: otros seres, desde algún planeta

llevado... *carried out*

fill (in this sense only)
role

grasp (expertness)

balloons

mirages

lightning

tienen... *take into account*

remoto, desde algún alejado° rincón° del espacio, comparten con nosotros la angustia y la responsabilidad que sentimos pesar° sobre nuestras cabezas. El espacio infinito y sus millones de estrellas es sencillamente demasiado grande para nosotros solos. Imaginemos un pastor° que camina con su rebaño° por una vasta región desierta. Durante semanas y meses ha caminado solo y en silencio. Por fin allá a lo lejos divisa° otro pastor con otro rebaño. Su emoción será grande, y también su deseo de comunicarse con él. Y esto es lo que nos ocurre a nosotros.

    Por todo ello, si no queremos equivocarnos o caer en la charlatanería (como ocurrió hace no mucho tiempo en el Brasil, donde un "vidente"° pretendió haber recibido un mensaje telepático que anunciaba la llegada de una nave espacial, defraudando a la muchedumbre° que se reunió en espera de este acontecimiento) tenemos que tratar cada observación con el máximo rigor científico. Y esto es precisamente lo que el informe oficial sobre los OVNIS trata de conseguir.

    Los objetivos de este informe son varios. (Puedo afirmar ahora que me ha sido posible consultar una copia de este informe, o por lo menos una copia de una gran parte del mismo, si bien me es imposible divulgar la fuente° de mi información.) Quizá el primero, y militarmente el más importante, es asegurar la seguridad del territorio nacional y del espacio aéreo sobre este territorio: todo OVNI puede, en principio, ser un avión o cohete° perteneneciente a otra potencia° y que vale la pena° investigar inmediatamente. Otra finalidad del informe es reunir° "datos tranquilizadores", es decir, todos los detalles que tiendan a demostrar que los OVNIS son explicables como fenómenos naturales y en todo caso no son peligrosos, ya que la posibilidad de un ataque de histeria colectiva si se multiplican las observaciones de OVNIS no puede ser descartada°, y el Gobierno desea ante todo tranquilizar a la opinión pública.

    Debemos señalar que la Prensa española, muy posiblemente influida también por el deseo de no alarmar a sus lectores, ha venido restando° importancia a los fenómenos observados últimamente. Así, por ejemplo, pudimos leer, en la primera página del diario *El Aviso* del pasado mes de junio, los siguientes titulares:

ANOCHE ESPECTACULAR FENÓMENO EN AGUAS CANARIAS
MILLARES DE PERSONAS LO CONTEMPLARON

---

distant / corner

weigh

shepherd
flock

perceives

seer

multitude

source

rocket / power /
vale... it's worth while
gather

eliminated

reducing

Quizás el mensaje que nos llega del infinito es que todos somos hermanos: así nos lo han propuesto algunos cineastas.

Y a continuación una serie de posibilidades, en que se restaba importancia al fenómeno al colocar en último lugar la posibilidad de una visita extraterrestre:

CUATRO HIPÓTESIS: UN VOLCÁN SUBMARINO, UN METEORITO QUE CAYÓ AL OCÉANO, OTRO FENÓMENO MARINO Y ATMOSFÉRICO, O ALGO RELACIONADO CON LOS OVNIS

No quisiera quitarle importancia al papel tranquilizador de la Prensa: todos los periodistas sabemos que nuestra responsabilidad es muy grande y que alarmar inútilmente a nuestros lectores es siempre peligroso. Pero el caso es que un volcán submarino hubiera dejado algún rastro en la superficie del océano, que a la mañana siguiente aparecía perfectamente clara, sin rastro° de lava o ceniza° y sin que hubiera cambiado la temperatura del agua; y un meteorito habría dejado también, aunque menor, algún rastro. Por estos motivos es posible creer que hay alguna conspiración entre el Gobierno y la Prensa para tratar de restarle importancia y publicidad a los fenómenos que todos hemos observado.

trace / ashes

Lo cual me lleva una vez más al informe secreto del Gobierno. Sí, como señalé anteriormente, he tenido oportunidad de examinar dicho informe... pero sólo en parte. Un enviado especial del Ministerio de Información y Turismo reunió ayer a un grupo de periodistas para mostrarles la primera sección de dicho informe: yo me encontraba entre el grupo que escuchó la lectura de este texto. Y, como era de esperar, lo que escuchamos fue una larga lista de "enigmas resueltos", en que las comisiones investigadoras concluían que los fenómenos de OVNIS observados en cielos españoles se debían a interpretaciones equivocadas de hechos naturales. No ponían en duda ni la buena fe° ni el patriotismo de los que habían señalado la presencia de OVNIS, pero sí la interpretación de los fenómenos. Todo se reducía a una serie de ilusiones, de impresiones e interpretaciones falsas, que el Gobierno podía rectificar y aclarar definitivamente. — *faith*

Lo que no nos dijo el enviado de Información y Turismo es que el texto que nos leyó constituye únicamente la primera parte del informe. La segunda, todavía secreta, fue objeto de nuestras preguntas. En primer lugar, ¿cuál es el porcentaje de observaciones de OVNIS que no ha sido resuelto, por las investigaciones oficiales, como resultado de hechos naturales? La respuesta fue reveladora y, al mismo tiempo, muy inquietante: el cinco por ciento.

Así, pues, hay una cantidad irreductible de misterios no susceptibles de análisis. Un cinco por ciento, y en esta cifra quedan incluidos muchos fenómenos observados en los últimos cinco años: vuelos sobre el Pirineo, sobre el Este de España, sobre el Estrecho de Gibraltar, y, en tres casos, sobre las Islas Azores. También, desde luego, los objetos voladores que hemos observado sobre las Islas Canarias y al occidente de Lisboa. La conclusión es alarmante: quizá el porcentaje de fenómenos inexplicables es más alto de lo que el Gobierno admite. Y, sobre todo, las fuentes oficiales de información no nos proporcionan una solución racional a lo que tantos espectadores han descrito.

Nuestra buena voluntad, nuestra confianza en la actitud racional de los individuos y del Gobierno, se estrellan° en este caso contra una actitud que suponíamos benéfica, pero de la cual empezamos a dudar. Y la duda sugiere que, en mi caso por lo menos, frente a la actitud "blanda", calmante, y, en el fondo, ignorante, de todo el sistema gubernamental, me — *se... collide*

encuentro obligado, en forma angustiosa, a crear mi propia respuesta, mi propia teoría.

No creo haber formulado una visión científica y lógica que dé respuestas a todos los enigmas que plantean los OVNIS. Creo que el problema que los OVNIS han planteado seguirá inquietando° a la humanidad durante muchos años. Ahora bien: puesto que el Gobierno trata de ignorar esta situación, la única respuesta racional, que ahora propongo a mis lectores, es la siguiente:

    worrying

1. Debemos suponer que el 95 por ciento de los fenómenos observados son hechos naturales.

2. El cinco por ciento restante no ha podido ser explicado por el Gobierno y por lo tanto° nos ofrece a todos un problema sin solución inmediata científica.

    por... therefore

3. Una hipótesis, que ha sido presentada consistentemente por todos los que han observado el fenómeno de los OVNIS, es que la Tierra está siendo visitada por viajeros que llegan de otros planetas, por presencias extraterrestres.

4. Mi opinión es diferente. Creo, y me parece que la historia de la Humanidad me dará la razón°, que, en efecto, estamos siendo visitados por seres "extraterrestres"; sin embargo, no son seres que llegan de otros plane-

    me... will support me

tas totalmente diferentes de nuestra Tierra. Son seres humanos, no seres que llegan desde fuera del planeta, los que nos visitan.

5. La distancia entre nuestro planeta y los otros planetas o estrellas desde los cuales puede llegar algún vehículo espacial es excesivamente vasta, y, a mi juicio°, presupone un viaje imposible, si comparamos la duración de una vida humana o "humanoide" y la duración de uno de estos viajes en términos de "años-luz"°: cien, doscientos, mil, diez mil años de viaje. Imposible.

6. Y, sin embargo, hay otras soluciones. (Ninguna de estas "visitas extraterrestres" ha tenido, hasta el presente, consecuencias negativas. No ha habido destrucción, bombardeo, contaminación por microbios o substancias químicas. ¿Qué significa esto?)

Me permito presentar ahora una hipótesis que explica al mismo tiempo una extraña presencia, una serie de visitas inexplicables, y el hecho de que los visitantes sean benévolos y no dañinos°. La hipótesis puede parecer absurda a primera vista, pero no lo es. Los visitantes... somos nosotros mismos. O, mejor dicho, son nuestros descendientes que, desde el futuro, regresan, mediante° una máquina de tiempo como la ideada por H. G. Wells, para visitarnos, a nosotros que somos su pasado, su historia. Y quieren ayudarnos, aunque no saben muy bien cómo hacerlo. Son nuestros descendientes, más sabios, más civilizados, más cultos: han superado el odio, los nacionalismos estrechos, la miseria, la lucha de clases. Y vuelven para ayudarnos. También, desde luego, por curiosidad. Pero sí desean ayudar a nuestras civilizaciones enfermas y confusas porque saben que si pueden evitar o disminuir cualquier efecto negativo de nuestros actos, de nuestro presente, el futuro (del que ellos forman parte) mejorará considerablemente. Sin embargo, temen intervenir: saben que cualquier cambio en nuestro presente funciona como una bola de nieve para cambiar el futuro, y no quieren cometer ningún error interviniendo prematuramente. Creo, de todo corazón, que el día en que de una nave espacial bajen uno, dos o más seres, los reconoceremos y los abrazaremos como hermanos. Hermanos que llegan de un largo viaje, cansados pero felices de ver y abrazar a los seres humanos de hoy.

Telmo de Lorenzo

El Correo de Las Palmas

a... in my opinion

light-years

harmful

by means of

EJERCICIOS

Los OVNIS vuelan sobre España

I
vocabulario

Sustituya la parte en cursiva en cada frase por uno de los modismos o las palabras siguientes: **darse cuenta de; desplazarse; tener en cuenta; no caber duda; valer la pena.**

1. *Es útil* estudiar el carácter de los testigos de los OVNIS.
2. Dicen que estos objetos *se mueven* verticalmente en el espacio.
3. *No entendí* los motivos del gobierno.
4. El gobierno *se fijó en* las fuentes de su información.
5. *Era cierto* que algo excepcional había pasado.

II
cierto o falso

Si es falso, explique.

1. La madrugada suele incluir las horas de la una hasta las seis de la mañana.
2. Las palabras *OVNI* y *platillo volador* son generalmente sinónimas.
3. Los espejismos en las paredes de la casa reflejan nuestras caras.
4. La palabra *pastor* sólo quiere decir cura protestante.
5. Se puede confundir un cohete con el relámpago.

III
preguntas

1. ¿Cuándo fue la primera vez que las Islas Canarias fueron visitadas por los OVNIS?
2. ¿Quiénes los vieron?
3. ¿Cómo era el objeto que vieron?
4. ¿Cuáles son las características de los OVNIS señaladas por todos los testigos?
5. ¿En qué año aparecieron más OVNIS que nunca? ¿Cuántos OVNIS había?
6. ¿En qué año aparecieron por primera vez?
7. En cuál de los hemisferios de la tierra suelen aparecer más platillos voladores?
8. ¿Qué hace el gobierno español con los informes acerca de los OVNIS?
9. ¿Con qué fenómenos naturales pueden confundirse los OVNIS?
10. ¿Por qué es importante saber algo acerca de la estabilidad mental de los que han visto los OVNIS?
11. ¿Qué es lo que desean inconscientemente muchos hombres y mujeres?
12. ¿Cuál es el primer objetivo del gobierno español con respecto a los OVNIS?
13. ¿Por qué le interesa al gobierno demostrar que los OVNIS son fenómenos naturales o no peligrosos?

14. ¿Cuál ha sido la actitud de la prensa con respecto a los OVNIS?

15. ¿Cuáles son las posibilidades que sugirió la prensa para explicar el fenómeno espectacular en las Canarias?

16. ¿Cuál es el porcentaje de observaciones de OVNIS que no se puede explicar por razones relacionadas con hechos naturales?

17. Según el autor del artículo, ¿por qué es improbable que los OVNIS vengan de otros planetas?

18. ¿Cuál es su explicación de los OVNIS?

IV

opiniones

1. ¿Cree usted que el hecho de que los OVNIS parecen haber aparecido en la tierra en 1947 tiene algún significado? ¿Cuál sería?

2. ¿Comparte usted el deseo de muchas personas de que existan seres parecidos a nosotros en otros planetas y que estos seres vengan a visitarnos? Explique sus razones.

3. Si usted viera a un ser de otro planeta (digamos con piel verde, pelo anaranjado y ojos rosados en vez de una nariz), ¿que haría? (Por ejemplo, ¿trataría de hablar con él/ella? ¿En qué idioma? ¿Se desmayaría? ¿Se iría en busca de una pistola?)

4. ¿Ha visto usted personalmente alguna vez un "plato volador"? ¿Qué opina usted de aquellas personas que los han visto?

5. En su opinión, ¿cuál es la explicación mejor de los OVNIS?

6. ¿Comparte usted la opinión acerca de la naturaleza de los OVNIS expuesta por el autor del artículo? En todo caso, explique sus razones. (Por ejemplo, ¿es lógica la opinión del escritor? ¿Sería más lógico pensar que provienen de un planeta lejano?)

PICTURE CREDITS AND COPYRIGHT ACKNOWLEDGMENTS

page 4: U.S. Air Force
page 7: David Mangurian
page 12: Ezio Petersen, United Press International
page 14: WHO-Almasy, Monkmeyer
page 15: David Mangurian
page 18: From *On the Line*, a film directed by Barbara Margolis, a Unifilm release
page 21: HBJ Photo
page 23: United Press International
page 24: Fred R. Conrad, New York Times Pictures
page 25: Benedict J. Fernandez, Visión Fotos
page 29: Ken Karp
page 31: Dorka Raynor
page 35: David Mangurian
pages 37–39: Drawings by Ed Malsberg
page 42: David Mangurian
page 44: Gerhard E. Gescheidle, Peter Arnold, Inc.
pages 45, 46: Peter Menzel
page 49: Sybil Shelton, Monkmeyer
page 57: Wide World Photos
pages 58, 59: Drawings by Ed Malsberg
page 63: Wide World Photos
page 64: Ken Karp
page 67: Wide World Photos
page 69: Apesteguy, Editorial Photocolor Archives
page 72: Angel Franco, Visión Fotos
pages 76, 80: Peter Menzel
page 83: Moneta Sleet, Jr., *Ebony Magazine*
page 84: Richard Cross
page 86: Drawing by Richard Rosenblum
page 87: William Dyckes
page 92: Cary Wolinsky, Stock, Boston
page 95: Wide World Photos
page 103: Peter Menzel
page 107: Drawing by Richard Rosenblum
page 109: Wide World Photos
page 111: Regis Bossu, Sygma
page 113: William Dyckes
page 114: HBJ Photo
page 122: Benedict J. Fernandez, Visión Fotos
page 124: Charles Biasiny-Rivera
page 127: Fritz Henle, Photo Researchers
pages 128, 129: From *Handbook of Early Advertising Art*, 3rd ed., by Clarence P. Hornung, Dover Publications, Inc., N.Y., © 1956.
page 130: From *Posada's Popular Mexican Prints*, selected and edited by Roberto Berdecio and Stanley Appelbaum, Dover Publications, Inc., N.Y., © 1972.
page 131: From *Handbook of Early Advertising Art*.
page 133: Jim Anderson
pages 134, 135: Beryl Goldberg
page 138: Peter Menzel
page 141: David Mangurian
page 142: © Bajande, Kay Reese and Associates
pages 143, 144: Spanish National Tourist Office
page 148: © Claudio Edinger, Kay Reese and Associates
page 151: © H. W. Silvester, Kay Reese and Associates
page 152: Courtesy A & M Records
page 154: Cosmo Press Photo
page 157: William Dyckes
page 158: Dan McCoy, Black Star
page 159: Mr. & Mrs. Reynolds Morse, Salvador Dali Museum, Beachwood, Ohio
pages 163, 164: Museum of Modern Art, Film Stills Archive
pages 167, 169: Courtesy *Buenhogar*
page 171: David Mangurian
page 173: Drawing by Cañizares
page 174: Ken Karp
page 176: Courtesy *Destino*, Barcelona
page 177: Gerry Goodstein, Repertorio Español, N.Y.C., production premiere 1979
page 180: Beryl Goldberg
page 184: Samuel Weiser, Inc.
page 187: Henry Wessel, Jr.
page 191: From *Close Encounters of the Third Kind*, Copyright © 1978 Columbia Pictures Industries, Inc.
page 193: U.S. Air Force

VOCABULARIO

Omitted from the vocabulary are personal pronouns, conjugated verb forms, regular past participles if the infinitive is given and the meaning is clear, regularly formed adverbs, numerals, days of the week, months of the year, regularly formed diminutives if the meaning is clear, identical cognates, and proper nouns that have been explained in the footnotes and glosses. Adjectives are given in their masculine form only. Gender is not indicated for masculine nouns ending in **-o** and feminine nouns ending in **-a, -dad, -ión, -tad.** If a verb has a radical change, this is indicated in parentheses. Only meanings corresponding to the text use have been given.

The following abbreviations are used:

adj	adjective	*m*	masculine
adv	adverb	*mf*	common gender
conj	conjunction	*n*	noun
f	feminine	*pl*	plural
fig	figurative	*pp*	past participle

A

abanderar to propound
abeja bee
abogado lawyer
abono fertilizer
abrazo hug
absoluto: en — at all
absuelto absolved
abulia apathy
aburguesado bourgeois
aburrido bored

aburrimiento boredom
acabar to finish
  — de to have just
acantilado cliff
acariciar to caress
acarrear to cart, to bring about
accesorio shack
aceituna olive
acerca de concerning
acercarse to grow close together; to approach; come near
acero steel
  telón de — Iron Curtain

acertadamente accurately
acertado correct
acertar to hit the mark
aciago ill-fated
acogedor inviting
acolchonado upholstered
acordarse de to remember
acostarse to lie down
acostumbrarse to become accustomed
acta notarial affidavit
actuación action, performance
actualidad present time

acudir   to have recourse to;
    resort to; to attend; to agree
acuerdo   agreement
  de — con   in line with
  ponerse de —   to agree
adelgazar   to grow thin
adepto   adept, expert
adivinar   to guess
adonde   where
adorno   ornament
adquirir   to acquire
adulador   flatterer
advertir   to notice
afán   zeal
afectivo   affective, proceeding
    from affection
aficionado   fan; amateur
afiche   poster
aflorar   to surface
afortunado   lucky
afrontar   to confront
afuera   outside
afueras   outskirts
agente   officer
  — de circulación   traffic officer
agolparse   to crowd around
agotar   to exhaust
agradable   pleasant
agradar   to like
agradecer   to be grateful for
agregar(se)   to add
agudizar   to grow sharp
ahondar   to penetrate
ahora   now
ahorrativo   thrifty
aire   air
aislarse   to isolate oneself
ajeno   pertaining to someone else
ala   wing
al aire libre   outdoors
albergar   to house
al cabo de   after
alcalde   mayor
alcance   reach
alcanzar   to reach
alegre   happy
Alemania   Germany
alentar   to encourage

alfarero   potter
alguien   someone
alimentar   to feed
alimento   food
alistarse   to enroll
alma   soul
almacén   warehouse
almirantazgo   admiralty
alojamiento   lodging
alojar(se)   to lodge
alquiler   rent
alrededor   around
alrededores   surroundings,
    environs
alto   stop
altura   height, summit
ama de casa   housewife
amargo   bitter
amarillo   yellow
ambarino   amberlike
ambiente   atmosphere, ambiance
ambos   both
amenazar   to menace, threaten
amigable   friendly
amistad   friendship
amontonado   heaped together
amortiguar   to soften
ampliar   to increase
amplio   extensive, large
anacoreta   hermit
analfabeto   illiterate
andar   to walk
angloamericano   English-speaking
    American
anoche   last night
anochecido   at nightfall
antelación: con —   in advance
anteojos   eyeglasses
antepasado   ancestor
anteriormente   previously
antes   before
antorcha de soldadura   soldering
    iron
antibelicista   antiwar
anticipar   to announce in advance
anticuado   old-fashioned
anuario   yearbook
anunciante   announcer

anunciar   to announce
anuncio   advertisement, ad
añadidura   addition
  por —   besides
apagar   to put out, extinguish
aparcar   to park
aparecer   to appear
apartado   post office box
apartar   to suppress
apenas   hardly
apertura   opening
apestar   to corrupt, sicken
aplicar   to apply, to levy
apodo   nickname
aporte   contribution
apoyar   to support
aprender   to learn
aprendiz   apprentice
aprendizaje   apprenticeship
apretar   to push
aprovechar   to take advantage of
apunte   note
araña   spider
árbol   tree
arco iris   rainbow
archivo   filing, files
armar alboroto   to riot
aro   hoop
arraigar   to take root, to grow
    deeper
arreglo   order
arriesgar   to risk
arrojar   to throw off, toss
arruga   wrinkle
artículo   article
asado   roast
asalto   attack
asceta   ascetic
asediado   besieged
aseo   washing up
asesor   advisor
asignatura   subject (school)
asistir a   to attend
asno   donkey
asomarse   to make contact with;
    to look
asombro   amazement
aspirante   candidate

astilla splinter
asuntos matters
asustar to frighten, scare
atado tied
atender (ie) to pay attention to, look after
atentado attack
ateo atheist
aterrador frightening
atesorar to hoard
atrasado backward, behind the times
atravesar to cross
atrofia atrophy
atropellar to run over
aturdirse to be stunned
audaz bold
augurio omen
aumentar to increase
aún even
aunado united
aunque yet
ausencia absence
austríaco Austrian
auxiliar assistant
averiguar to ascertain, find out
avión airplane
— a reacción jet plane
aviso notice
avistar to sight
ayudar to help
azulado bluish
azulejo tile

B

bache rut, deep hole
bachiller elemental y laboral high school and technical diploma
bailar to dance
balneario spa
baloncesto basketball
banca bank
bandeja tray
banqueta sidewalk
barahunda confusion

barato cheap
barba beard
barco boat
"barra" counter
barraca cabin, hut
barrer to sweep
barrio section (of a city)
barro mud
bastón stick
— salta-calles stick for hurdling streets
bata dressing gown
batería percussion band
batir to beat, strike
baúl trunk (luggage)
bebé baby
beber to drink
beca scholarship
becado with scholarship
becerro calf
béisbol baseball
bélico warlike
belleza beauty
beneficio benefit
bicho bug
bienaventurado blissful, lucky, happy
bienestar well-being
billete ticket
blanco n target; adj white
blindado armored
boca mouth
bocina horn
boda wedding
boga: en — fashionable
boina beret
bolos bowling
bolsillo pocket
bombero fireman
borracho drunk
bosque forest
boticario druggist
botón button
botones bellhop
bracero manual laborer
brasileño Brazilian
brazo arm
— de gitano rolled sponge cake

brizna fragment, chip; blade of grass
brujería witchcraft
bruto crude
en — in a rough state
burbuja bubble
busca search
búsqueda search

C

caballete easel
caballo horse
cabaña hut, cottage
cabello hair
caber to fit
cabeza head
mal de la — crazy
cabida space, capacity
dar — to accommodate
tener — to accommodate
cacería hunt
cadáver corpse
caer to fall
— en la cuenta to catch on
me caes bien I like you
caja box
calcular to figure
calidad quality
cálido warm
calificado qualified
caligrafía handwriting
calvo bald
callejón small or narrow street
callos tripe
cama bed
camarero waiter
cambio change
en — on the other hand
camino road
de — on the way to
camión truck
campaña campaign
campeonato championship
campesino peasant
canal channel (television)
canción song

cantante singer
cantidad quantity
cañón field gun
capacidad ability
capacitado able
caparazón shell
capaz capable, able
caprichosamente whimsically, capriciously
capullo bud
carcajada guffaw, burst of laughter
cárcel jail
carcelero jailer
carecer de to lack
carga charge; job; burden
cargo burden; position, job
  hacerse — de to cope with
caricatura cartoon
cariñoso affectionate
  cariñosos consejos affectionate advice
carne meat; flesh
carnet de conducir driver's license
caro dear; expensive
carretera road
cartel sign
cartón cardboard box
casado married
casero homelike
caso: venir al — come to the point
castaño chestnut
castellano Castilian
castigar to punish
castigo punishment
casualidad circumstance; chance
catalán language spoken in Catalonia (Cataluña) in northeastern Spain
catedrático professor
cazador hunter
  — de recompensa bounty hunter
celoso jealous
centenares hundreds
cerebro brain
certeza certainty
cicatriz scar
ciego blind

ciencia science
científico scientist
cierto certain
  lo — es the fact is
cifra figure, number
cigarrillo cigarette
cine movies
cineasta movie producer
circo circus
cirugía surgery
citar to quote
ciudad city
ciudadanía citizenry
ciudadano citizen
clausura closure
clavel carnation
cliente customer
cobijar to house
cobrar to charge
coche car
codiciado coveted
código code
codorniz quail
cola tail
colcha bedspread
colega colleague
colegio school
colgar to hang
colilla cigarette butt
colocación permanent job
comando command; commando
combate fight, battle
combustible fuel
cometer to commit
cometido trust, duty, task
comida food, meal
comienzo beginning
cómodo comfortable
compaginar to coordinate, to arrive, to gather
compañero companion
compartir to share
complejo complex
compra purchase
comprobar to prove
compromiso obligation, commitment
compuesto composed
conceder to give, grant

concurso contest
condicionamiento conditioning
conducir to lead, to drive
  carnet de — driver's license
confeccionador publisher
conferencia lecture
confianza trust, confidence
conjunto group
conocimiento knowledge
conquistar to conquer
conseguir (i) to manage, to succeed in
consejo advice
conserje mf superintendent
conserjería superintendent's office; hotel desk
consigo with oneself, himself, herself, themselves
consiguiente: por — consequently
consumo consumption
contar (ue) to tell, relate
contenerse contain
contienda struggle
continuación: a — immediately afterward
contrabajo bass fiddle
contrarrestar to block
contratar to contract, to hire
convenir (le, i) to suit, to be desirable
  sueldo a — salary to be arranged
convertirse en to become
cónyuge spouse
copas: en — dealing with drinks
coraje: dar — to make angry
corazón heart
corbata tie
cordero lamb
cordon ribbon
coronel colonel
corrida bullfight
corriente current, ordinary
corromper to corrupt
corto short
cosa de meses a matter of some few months
cosechar to reap
coser to sew

cosquillear to tickle
costado side
  poeta por los cuatro —s a poet
  through and through
costar to cost
costo medio de la vida cost of
  living
costumbre *f* custom
cotidiano daily, everyday
crear to create, bring about
crecer to grow (up)
crecimiento growth
creído smug
creyente *mf* believer
criadero de moscas breeding
  grounds for flies
criadillas testicles; truffles
crimen *m* crime
criterio judgment
crucero crossroads
cruzar to cross
cuadrado square
cuadrilla group of four persons;
  work crew
cuadro picture
cualquier anyone
cuartucho miserable room
cucaracha cockroach
cucharilla teaspoon
cuenta account; bill
  caer en la — to catch on
  darse — de to realize
culpa fault
  echar la — to blame
culpable guilty
culto (medio) average education
cultura civilization, culture
cumplir to fulfill
cundir to spread

CH

charco puddle
charla conversation
chimenea fireplace
chirrido creaking, screeching
chiste joke
chofer *m* chauffeur, driver

D

dama lady
daño harm
dar to give
  a mí tanto me da it's all the
  same to me
  — a conocer to make known
  — cabida to accommodate
  — en el blanco to hit the mark
  — la hora to strike the hour
  —se cuenta de to realize
dato fact; figure
debido a owing to, on account of
débil weak
debilidad weakness
decir to say, tell
  es — that is
declaración statement
declarar to state
deficiente faulty
delfín *m* dolphin
delgado thin
delictivo pertaining to crime
delito crime
demográfica: explosión population explosion
demostrar (ue) to show
denunciar to turn someone in
deporte *m* sport
depósito tank
derrotar to defeat
desafiar to challenge
desafío challenge
desafortunado unfortunate
desahogarse to unburden oneself
desalentarse (ie) to grow
  discouraged
desalmado cruel, merciless
desamparado helpless
desaparecer to disappear
desapercibido unnoticed
desarrollo development
descabellado absurd
descanso rest
descompuesto upset
desconocido unknown
descuartizado quartered
descubrimiento discovery

descubrir to discover
desde from
  — que *conj* since
desempeñar carry out
desempleo unemployment
desenvolverse (ue) to develop,
  evolve
deseo desire, wish
desfile *m* parade
desgracia mishap, misfortune
desgraciado unfortunate
deshabituación disuse
desinflarse to lose air
desinteresada impartial
desnudo naked
desorientado confused
despacio slowly
despertar to wake up
despistar to throw off track
desplazarse to be displaced;
  to travel
desplegar unfold
despliegue unfolding
despreciar to despise, scorn
desquiciar to undermine
destacado outstanding; well-
  known
destacar to reveal; to underline
destruir to destroy
desventaja disadvantage
detenidamente carefully
deterioro deterioration
diablo devil
diario daily
dibujante *m* artist, cartoonist
dibujo design, drawing, cartoon,
  sketch
dicha said, aforementioned
diferir (ie, i) to differ
difícil hard, difficult
difundido widespread
difusión impact, influence
digerido digested
dirección address, direction
disco record
diseño outline; design
disfrazar to disguise
disfrutar to enjoy
disgusto hogareño family quarrel

disparar   to shoot
disponer (de)   to have
disposición   disposal
dispuesto   willing, inclined
distinto   different
divertir (ie, i)   to amuse
—se   to have fun
docena   dozen
dominar   to master
dotado de   endowed with
dotar   to bestow
droga   drug
traficante de —s   drug pusher
dudoso   doubtful
dueño   owner
durante   during

E

echar   to throw
— por tierra   to overthrow
edad: de —   middle-aged
edificante   edifying
edificio   building
efectuar   to carry out
eficaz   effective
ególatra   egotist; megalomaniac
eje m   center; axis
ejecutivo   executive
— de ventas   sales manager
ejemplo   example
ejercicio   exercise
elogiar   to praise
embarazar   to hinder
emborracharse   to get drunk
embotar   to dull (an edge)
embrague m   clutch
embriagarse   to get drunk
empacho   indigestion
emparejar   to pair up
empeorar   to grow worse
emplear   to use
empleo   job
emprender   to begin
empresa   enterprise; business, company
empresario   owner

empujar   to push
encaminado   on the way
encender (ie)   to light, to light up
encerar   to wax (floor)
encerrarse   to become withdrawn
encuadre m   frame
en cuanto a   as for
encuesta   survey
enchufe m   personal connections
enemigo   enemy
enfadarse   to get angry
enfermedad   illness
enfermera   nurse
enfoque m   approach
enfrentarse (a)   to face
engaño   trick, deceit
engreir   to make vain
engusanado   full of worms
enloquecer   to make crazy
enojarse   to get angry
enrojecido   reddened
ensanchar   to broaden
ensayar   to try, practice, test
ensayo   essay
enseñanza   teaching
ensuciar   to dirty
enterarse   to become informed
entero   entire, whole
entidad   magnitude
entrañar   to entail
entre   among
entrega   delivery
entremés   interlude
entrenador   trainer
entretenido   entertaining
entrevistar   to interview
enturbiar   to foul
envanecerse   to become vain
envidia   envy
envuelto   wrapped up
equiparable   comparable
equipo   team
equitativo   just, fair
equivaler   to be equal to
era   age
esbelto   slim
escafandra   diver's helmet
escalada   climbing

escalera   staircase
escape m   exhaust
escarabajo   beetle
escasear   to be scarce
escasez f   scarcity
escaso   little, scarce
escenario   stage
escenificación   setting, staging
esclavizado   enslaved
escolar   student
escombros   rubble
escritor m   writer
escuela   school
esfera   sphere
esfuerzo   effort
espacial   spacial
espalda   shoulder
— de pato   back of a duck
volverse de —s   to turn around; to turn one's back on
español n   Spaniard; Spanish language; adj   Spanish
espectáculo   show
espejo   mirror
esperanza   hope
esperar   to hope; to wait for
espía   spy
espolvorear   to sprinkle (powder), scatter
esqueleto   skeleton
esquina   corner
establecido   established
estación   season; station
— de bomberos   firehouse
estadística   statistic
estallar   to burst
estancia   stay, sojourn
estatal   pertaining to the state
estatura   height
estorbar   to disturb; to hinder; obstruct
estrambótico   unusual
estrato   layer, stratum
estrechar   to compress
estrella   star
hotel de cinco —s   first-class hotel
estrellado   starry

estrellarse   to crash
estrenar   to inaugurate
estreno   debut
estudiantil *adj*   pertaining to
    student life
evitar   to avoid
exilio   exile
éxito   success
extranjero *adj & n*   foreign(er)
    en el —   abroad
extrañar: no hay que —   no
    wonder that
extraño   strange

F

fábrica   factory
fabricar   to make
fabril *adj*   related to manu-
    facturing
facciones   features
falda   skirt
faltar   to lack
falla   defect; fault
faro   headlight; lighthouse;
    beacon
fascículo   brochure
fastidiar   to annoy, to undermine
fe *f*   faith
fechado   dated
fenómeno   phenomenon
ferrocarril *m*   railroad
ficción policiaca   detective story
ficha   index card, detachable card
fichero   file box
fiero   brave
figura   personality
fijar   to fix
    —se en   to pay attention
fin *m*   goal
final de revista   grand finale
fingir   to pretend
firmar   to sign
fiscal del distrito   district
    attorney
flaco   skinny
flamante   brand-new; resplendent

florecer   to blossom
florero   vase
flujo   tide
foco   headlight; light bulb
fondo   back, background
forjar   to forge
formarse   to take shape, to jell
fortalecer   to strengthen
fósforo   match
fracasar   to fail
francés *n*   Frenchman; French
    language; *adj*   French
frenada   braking
freno   brake
frente *m*   front (war)
    hacer —   to face
fresa   drill
fresco   fresh
fronteriza con   bordering on
frotar   scrub
fruición   pleasure
fuego   fire
fuelle *m*   bellows
fuente *f*   fountain
fuerte   strong
fuerza: a — de   by means of
funcionar   to work
funcionario público   official
    — del aire   air force official
fundadores   founders
fundar   to found
fundido   molten
fútbol   soccer

G

gama   range
ganas   desire
garras   shreds
gastar   to spend; to waste
gasto   expenditure
    gastos   expenses
gato   cat
general: en —   generally
género   type
gesto   gesture
gigantismo   giantism

giro   tour
    realizar un —   to go on a tour
globo   balloon
    manojo de —   bunch of balloons
gobierno   government
golpe   blow
    a — de regla   by strict rule
golpear   to strike, hit
goma   rubber
gordo   fat; important
gozar   to enjoy
grado   degree
graduación   rank
gramática   grammar
gratuito   free
griego *n*   Greek; Greek language;
    adj   Greek
grillo   cricket
gris   gray
grúa   crane, tow truck
guante *m*   glove
guapo   handsome, good-looking
guarda jurada   bonded policeman
guardia   civil policeman, guard
grueso   thick
guía   guide
guiar   to guide
gustatorio   pertaining to taste
gusto: a —   at ease

H

haba   mountain bean
hábil   adept
habilidad   ability, skill
habitación   room
habitante   inhabitant
hacer   to make, do
    — caso   to pay attention
    — frente   to face
    — la entrega   to award
    — gárgaras   to gargle
    —se cargo de   to cope with
    —se el díficil   to play hard to get
    —se pasar por   to pose as
hacia   towards
hallazgo   finding

hambre hunger
hampa underworld
hay there is, there are
hazaña feat
hecho fact, deed
  de — in fact
helar to freeze
heredar to inherit
herencia heritage
herida wound
herir (ie, i) to wound
hinojo knee
  puesto de —s on bended knees
historietas comics
hogar home
hogareña homebody
hola hello
hombros shoulders
homenaje homage, credit
horario timetable
horizonte m horizon
hormiga ant
hospedaje m hospitality
hospedarse to lodge
hospicio poorhouse
hostilizar to antagonize
hotelero hotel manager
hueco hollow
huelga strike
huella footprint
hueso bone
huésped guest
huir to flee
hule rubber
humano human being
humildemente humbly
húngaro n Hungarian; Hungarian language; adj Hungarian

I

iba ya camino was on the way
ida y vuelta round trip
idioma m language
ilimitado unlimited
imágenes images

imponer to impose
  —se to be required; to succeed
importar to matter
impreso printed
impuestos taxes
  extención de — tax exemption
inaplazable undeferable
incauto unwary, gullible
incendio fire
inclusivo including, inclusive
incluso even
incógnita mystery, unknown fact
incontrolado uncontrolled; unchecked
inconveniente disadvantage
incorporación inmediata immediate placement
incurrir to commit
indecoroso unbecoming
indeseable undesirable
inexplicable unexplainable
infarto heart attack
influir to influence
informe report
infractor lawbreaker
infrahumano subhuman
ingeniero engineer
ingenio wit, talent
ingerir to take in (food or drink)
inglés n Englishman; English language; adj English
ingresar to enter
ingresos income
inhibir inhibit
insalubridad unhealthfulness
inscribirse to enroll, register
insensato meaningless
insólito unusual
insospechado unsuspected
integrado made up of
intemperie f bad weather
intercambio exchange of, interchange
inversión investment
invertir to invest
investigador researcher
invierno winter
involucrar to involve

isla island
isleño island dweller

J

jactarse to boast
jamás never
jardín garden
jefe chief, head, leader, boss
  — de ventas sales manager
jinete horseman
jornada working day
joya jewel
juego game
jugar to play
  — a los bolos to bowl
  —se to risk
jugo juice
  — de naranja orange juice
juguete toy
juicio judgment
juntas meetings
jurado jury
juventud youth
juzgado de instrucción criminal court
juzgar to judge

L

lacio straight
lacrimógeno tearjerker
ladrar to bark
ladrido barking
ladrillo brick
lago lake
lamentable deplorable
lanzamiento offering
lanzar to throw
largo: a lo — during
lástima pity
latido beating
latir to beat
lavadora washing machine
leal loyal, true
lector reader

lectura   reading
leche *f*   milk
   — en polvo   powdered milk
lema *f*   slogan
lengua   tongue; language
lenguaje *m*   language
lente *mf*   lens; *pl* eyeglasses
león   lion
lepra   leprosy
letra   word; letter of alphabet
ley *f*   law
leyenda   legend
librería   bookstore
licenciado   lawyer
licenciatura   college degree
lidiador   fighter
ligero   light
limpiar   to clean
limpieza   cleanliness
literato   scholar
locura   madness
lograr   to succeed, manage
lomo   back
lucirse   to shine; to show off
lujo   luxury
luna   moon
   — de miel   honeymoon
luz   light

LL

llenar   to fill
llevar   to carry
   dejarse —   to let oneself get
      carried away
   — a cabo   to complete, fulfill
llovizna   drizzle

M

madrileño   native or inhabitant
      of Madrid
madrugada   dawn; morning
madurez   maturity
maestro   teacher; master
magia   magic

magisterio   education; teaching
maleante   thief
malestar   malaise
maloliente   foul-smelling
mancha   spot
manejar   to drive
mano: dar una —   to give a hand
manojo   bunch
manzana   apple
maquillaje *m*   makeup
máquina   machine
   escribir a —   to type
mar *mf*   sea
maravilla   wonder, marvel
marcha   walk
marchar sobre ruedas   to run
      smoothly
mariposa   butterfly
marisco   seafood
martillo   hammer
mas (pero)   but
más aún   even more so
máscara   mask
matutino   morning
mayor   adult
mayoría   majority
mecanografía   typing
medalla   medal
mediano   mediocre
mediante   by means of
medias: a —   halfway
medición   measuring, measure-
      ment
medida   measure
medio   means
mejorar   to improve
mejoría   betterment, improvement
menor   less
mensual   monthly
mente *f*   mind
mentir   to lie
menudo: a —   often
merluza   hake
meseta   plateau
meta   goal
meter   to put
mezcla   mixture
Michoacán   state in Mexico

miel *f*   honey
miembro   member
mientras (que)   while
   — tanto   meanwhile
milicia   army
mimar   to spoil
minoría   minority
miopía   nearsightedness
mirada   look
mitad   half
moda   style; fashion
   pasar de —   to go out of style
modismo   idiom
modisto   dressmaker
modo   way
   — de vivir   way of life
mojarse   to get wet
molestar   to bother, disturb
mollejas   gizzards
moneda   coin
   la — tiene otra cara   there are
      two sides to the coin
monitos   comics
montaje *m*   equipment; setting
montar   to set up, equip
moquillo   mucus, distemper (of
      animals)
moraleja   maxim, moral
moreno   swarthy, brunette
moribundo   dying man
mosca   fly
   criadero de —s   breeding
      ground for flies
   peso —   flyweight (in boxing)
movimiento   movement
muchedumbre *f*   crowd, multitude
mudable   changeable
mudo   silent
multa   fine
   se aplica una —   a fine is levied
muñeco   puppet, doll
músico   musician

N

nacer   to be born
nacimiento   birth

naranja orange
natación swimming
natalidad birth rate
natillas custard
natural native; natural
naturaleza nature
nave ship
neblina fog, mist
negarse to refuse
negocio business
neoyorquino New Yorker
nivel *m* level
nopal *m* cactus
notable remarkable
notarial: acta — affidavit
notas notes
novato beginner
novedad novelty
novedoso in the news
novia fiancée, girlfriend
novillo young bull
nube *f* cloud
nuevo new
   de — again, once more

O

obedecer to obey
objetivo goal
obstinarse to persist, insist
obtener to obtain
ocurrir to happen
odio hate, hatred
oficina office
oficinista clerk
oficio trade, business, profession
ofrecerse to present oneself, offer
oído hearing; ear
   sentir el — saltar to feel one's
    ears jump
olivo olive tree
olor odor, smell, fragrance
opacarse to become dull, dark
opinar to be of the opinion, judge
oprimido oppressed
opuesto opposite
ordenado neat

ordenanza orderly
ordenar to order
oreja ear
orilla bank (of a river)
oro gold
ostra oyster
OVNI UFO (objeto volador no
   identificado)
ovalado oval-shaped

P

padecer to suffer
paga salary
pagar to pay
paisaje *m* landscape
palabrón strong word
palmada pat; applause
palmos couple of feet; distance
pan *m* bread
panadería bakery
pandilla gang
pantalla screen
pañales diapers
papel *m* paper
para for, to
   — bien o mal for better or
    worse
paradójico paradoxical
parados the jobless
paraguas umbrella
paraje *m* landscape, country
parar to stop
   —se to stop
pardo brown
parecerse to be similar
parecido similar
pared *f* wall
pareja couple
pariente *m* relative
paro unemployment; strike
párrafo paragraph
parte contraria opposite side
particular *n* individual; *adj*
   private
   casa — private home
partida departure

partidario supporter
partir: a — de starting from
parto childbirth
pasadizo passage
pasaje passage, passageway
   — de ida one-way ticket
pasajero *n* traveler; *adj* temporary
pasar desapercibido to be
   unnoticed or ignored
pasatiempo pastime, amusement
pasear to escort; to walk
pasillo corridor
paso step
pastilla pill
patada kick
patear to kick
pato duck
patria fatherland, native land
patrulla police car; patrol
pauta model, standard
   señalar la — to show the way
paz *f* peace
peatón pedestrian
pecado sin
peinado hairdo
película film
peligro danger
peligroso dangerous
pelo hair
pelota ball
peluca wig
peluquería barbershop
pena sorrow; penalty
   a duras —s with difficulty
pensamiento thought
peón unskilled worker
percibir to receive
pérdida loss
periódico newspaper
periodista journalist
perjudicial pernicious, harmful
perjuicio damage
permitir to allow
pero yo que usted if I were you
perro dog
perseguir to pursue
personaje character

pertenecer   to belong
pesar: a — de   in spite of
pescador   fisherman
pez *m*   fish (alive)
picudo   pointed
pie   foot
  al — de   at the bottom
piedra angular   corner stone
pierna   leg
pintar   to paint
pintor   painter
pintura   painting
piropo   compliment
pisapapeles *m*   paperweight
piscina   swimming pool
piso   floor; flat
pista de tenis   tennis court
placer   pleasure
plan: en — de   with a view to
planchar   to iron
planta   floor
plantear   to raise (an issue)
plata   silver; *fig*   money
plato fuerte   main dish
plaza   square
plazo: en corto —   in a short time
plenamente   fully
plomada   plumb line
plumero   penholder; feather
  duster
población   population
poblado   village
pobreza   poverty
podrido   rotten
polaco *n*   Pole; Polish language;
  adj   Polish
policíaco   pertaining to police
política   politics
pompa   ostentation; bubble
ponderado   careful
porcentaje *m*   percentage
por falta de   for lack of
por supuesto   of course
portador   bearer, carrier
portavoz   spokesman
portero   janitor
porvenir *m*   future
poseer   to possess, have

postales *f*   postcards
potencia   power
práctica   practice
practicante   practitioner
pradera   meadow
precio   price
precoz   precocious
predicar   to preach
preferir   to prefer
premiar   to reward
premio   award, prize
prenda   part of an outfit
prensa   press
preocupación   worry
preocuparse   to worry, be concerned about
presa   prey, prize, morsel
prescindir   to do without,
  dispense with
presencia   appearance, presence
presentir   to have a foreboding
  thought, to expect
preso   prisoner
prestar   to lend
  — servicios   to work; to
  perform duties
presupuesto   budget
pretensión   claim
  —es indebidas   improper
  bragging
preuniversitario   freshman
  college course
prevalecer   to prevail
prever   to foresee
previo   foregoing
primavera   spring
principio: al —   at the beginning
prisa   hurry
probar   to prove; to taste
procedimiento   method, procedure
profundidad   depth, deepness
promedio   average
prometedor   promising
promover   to promote
pronombre *m*   pronoun
pronto: de —   suddenly
propagarse   to spread
propicio   favorable

propietario   owner
propio   one's own
proponerse   to plan
proscrito   forbidden
prosélito   convert
proteger   to protect
provisto   provided with
proyecto   project, plan
psiquiatra   psychiatrist
psíquico   psychic
publicar   to publish
puente *m*   long weekend; bridge
pues   well, then
puesto   stand
  — que   since, inasmuch as
pugilista   boxer
pulga   flea
pulsar   to beat
punto   point, dot
  — de vista   point of view
puñado   fistful
pureza   purity

Q

quebradizo   fragile
quebranto   loss
quedarse   to remain
quehacer *m*   task, business
queja   complaint
quejarse   to complain
quejido   moaning, cry
quemar   to burn
química   chemistry
quizá   perhaps

R

raciocinio   reasoning
radica   is located
raíz (*pl* raíces)   root
rama   branch
ramo   branch, bunch, section
rastro   trail
razonable   reasonable
reabastecer   to resupply

reaccionar   to react
realizador   director, producer
realizar   to carry out, to fulfill
— una gira   to make a tour
— prácticas   to hold practices
reanudar   to renew
recaditos   errands
recámara   dressing room;
   bedroom
recargar   to burden
recato   scruples
receloso   suspicious
recetar   to prescribe
recoger   to pick up; to accept
recompensa   reward, bounty
reconocer   to recognize
reconocimiento médico   health
   checkup
recorrido   trip
recto   straight
recuerdo   souvenir
recursos   means, resources
rechazar   to reject, refuse
rechazo   rejection
redacción   editing
referido   mentioned
referirse   to refer
reflejar   to reflect
reforzar   to reinforce
refrán m   proverb, saying
regalar   to give (a gift)
regar   to water
regentar   to manage
regla   rule
regresar   to return
rehén m   hostage
reino   kingdom
   el — de los cielos   the kingdom
   of heaven
rejuvenecer   to grow young
relación   dealing; connection
relacionarse   to be related
remediar   to remedy
remitir   to send
remojarse   to soak
renacer   to be reborn
rentabilidad   profit
reñir   to scold

repartir   to distribute
reparto   cast of characters;
   distribution
repasar   to review
réplica   answer, reply
reprobar   to fail
requerir   to require
requisitos   requirements
resbalar   to slide
residir   to live
resortes m   springs
respuesta   answer
resto   remainder
resumir   to sum up, to abridge
retaguardia   rear guard
retoñitos   little sprouts
retraerse   to draw back
retraso   delay
retrato   portrait
reunir   to gather, collect
revender   to resell
reverencia   bow
revista   magazine
rey   king
rezar   to pray
riesgo   risk
rima   rhyme
riñones   kidneys
río   river
ritmo   rhythm; rate (of increase)
robar   to rob, steal
roble m   oak
rodante   rolling
rodeando   surrounding
rodillas: de —   on one's knees
rojo   red
rollo   film
ropa   clothes
rostro   face
rotario   Rotarian, member of
   Rotary club
roto   broken
rotundamente   categorically
rubio   blond
rueda   wheel
   equilibrado de —   wheel
   balancing
ruido   noise

ruidoso   noisy
rumbo   direction
— a   to, toward
ruta   route

S

sabio   wise
sabor m   flavor
sacar   to take out; to free
saciar   to satisfy
sagrado   sacred
salchicha   sausage
   perrita —   dachshund
salida   departure
saltar   to jump
salto   leap
— mortal   somersault
salud f   health
saludable   healthy
salvador   savior
salvaje   wild
sanar   to heal
sancionar   to penalize
sangre f   blood
sano   healthy
santanderino   person from
   Santander, Spain
sastre m   tailor
secar   to dry
secuestro   kidnapping
sede f   ecclesiastical see, seat
seducir   to charm, captivate
seguridad   security
seguro   certain
sello   stamp
semáforo   traffic light
semana   week
— inglesa   five-day week
semanal   weekly
semanario   weekly newspaper
sembrar   to sow
semilla   seed
sencillo   simple
sendero   path
sentido   meaning
señal f   sign

señalar   to point out
— **la pauta**   to show the way
señorial   high-class
ser *m*   person
servicios   services
seudónimo   pseudonym
significado   meaning
silenciador *m*   silencer, muffler
simpatía   sympathy; friendly feeling, congeniality
simpatizar   to be congenial
simple   single; simple
sindicato   labor union
sobra   surplus, excess
meter uno de —   to add an extra one
sobrar   to exceed, be superfluous
sobrecoger   to frighten
sobrepasar   to exceed
sobrepoblación   overpopulation
sobresaliente   outstanding
sobrevivir   to survive
sobrino   nephew
solamente   only
soledad   loneliness
soler (ue)   to be in the habit of
solicitar   to apply for; to ask
soltar (ue)   to loosen
soltero   bachelor
soltura   ease
sollozar   to sob
sombra   shade, shadow
sombrero   hat
sombrío   dark
someterse   to submit
sonido   sound
sonreír   to smile
soñar (ue)   to dream
soportar   to support; to stand
sorprenderse   to be surprised
sospecha   suspicion
entrar en —**s**   to be suspicious
sostenimiento   support
subir   to come up, climb up
súbitamente   suddenly
subocupación   underemployment
suceder   to happen, to come about

sucedido: lo —   what happened
sucio   dirty
sudor   sweat
sueldo   salary
suerte *f*   luck
sugerencia   suggestion
suizo *n*   Swiss; *adj*   Swiss
sumamente   highly
sumar   to add
superficie *f*   surface
supervivencia   survival
suponer   to suppose, assume
surgir   to arise, appear
surtidor *m*   pump, fountain

T

tachonar   to adorn
talla   carving
taller *m*   workshop
— **de costura**   dressmaking factory
— **de equilibrado de ruedas y montaje**   garage of wheel-balancing and assembly
tamaño   size
tanto   so much
tanto . . . como . . .   as well as
por —   for that reason
taquería   taco stand
taquigrafía   shorthand
taquillero   box-office clerk
tardar   to delay
tarde *f*   afternoon; evening
tarea   task
tejado   roof
tarifa joven   youth fare
tejano   Texan
tejido   cloth
tele *f*   television
tele-cabina   cable car
televidentes   TV viewers
telón *m*   curtain
— **de acero**   Iron Curtain
tema *m*   theme; subject
temblar   to tremble
tener escrúpulos   to be cautious

terreno   lot
tertulia   literary gathering
tez *f*   complexion
tiempo   time; (verb) tense
por poco —   for a short while
tienda   store
timidez *f*   shyness
tipo   kind
tirar: ir tirando   to get along
títeres *m*   puppets
titular   headline
título   title
— **acreditativo**   degree
tocadiscos *m*   recordplayer
tocar   to touch
me toca a mí   it's my turn
tomar en cuenta   to take into account
tonto   silly, foolish
a —**as y a locas**   without order
topógrafo   surveyor
toreo   bullfighting
torero   bullfighter
tornillo   screw
torno   lathe
tóxico *n*   poison; *adj*   poisonous
toxicómano   drug addict
traducción   translation
traficante   dealer
— **de drogas**   drug pusher
traficar   to deal, trade
tragafuego   fire-eater
tragallamas   fire-eater
tragar   to swallow
traje   suit
tránsito   traffic
tranvía   streetcar
trapo   rag, cloth
tras   after
trasladarse   to move
trastorno *n*   upset
tratamiento   treatment
tratar   to talk about
se trata de   it's a matter of
trato   social relations, social matters
través: a — **de**   by means of; across

tren *m* train
trigueño light-skinned
triunfo triumph
trote *m* jogging
trozo piece, chunk
turno turn

U

u or (before word beginning
    with "o")
ubicación placement
últimamente lately
uncir to yoke
útil useful

V

vacío *n* emptiness; void; *adj*
    empty
vacuna vaccination

vago bum
valerse por sí mismo to stand on
    one's own feet
valor *m* bravery
vaquero cowboy
    pantalones —s bluejeans
vaquilla small cow
vara rod
vecino neighbor
vender to sell
venenoso poisonous
venta sale
    ejecutivo de —s sales manager
ventaja advantage
ver: nada tiene que — has
    nothing to do with
verano summer
veras: de — truly
verdadero real, true
verde green
verdoso greenish
vergüenza shame
verter (ie, i) to pour out

vez: a la — at the same time
viento wind
visillo peephole
vista sight
viuda widow
vocero spokesman; hawker
volante *m* steering wheel
voluntad will
    a — when one wants,
      at will
vuelo flight

Y

yerba grass; herb
yunta yoke

Z

zanahoria carrot
zapato shoe

B 1
C 2
D 3
E 4
F 5
G 6
H 7
I 8
J 9